••• Títulos relacionados

IFCD0210 DESARROLLO DE APLICACIONES CON TECNOLOGÍAS WEB

[DISPONIBLE CERTIFICADO COMPLETO]

Solicítalos en
- Librería
- www.paraninfo.es
- Solicitudes nacionales +34 914 463 350
- Solicitudes fuera de España +34 913 308 907
  +34 913 308 919

Desarrollo de aplicaciones web distribuidas
UF1846

José Luis Berenguel Gómez

© 2024 Ediciones Paraninfo, S. A.
© 2024 José Luis Berenguel Gómez

Maquetación: Ediciones Nobel, S. A.

Impresión: Liberdigital (Casarrubuelos, Madrid)

ISBN: 978-84-283-6388-4
Depósito legal: M-19759-2024

Impreso en España

Autor

José L. Berenguel (http://www.joseberenguel.com) es doctor en Informática por la Universidad de Almería y miembro del grupo de investigación TIC-146 Supercomputación-Algoritmos (http://www.hpca.ual.es). Su trabajo principal es el de profesor de Secundaria desde hace más de veinte años. Ha impartido docencia en los ciclos formativos de grado superior de DAW, DAM y ASIR, en los módulos de Programación, Entornos de Desarrollo, Desarrollo Web en Entorno Servidor, Despliegue de Aplicaciones Web y Seguridad y Alta Disponibilidad, así como en el módulo Hacking ético en el Máster de FP de Ciberseguridad en entornos de las Tecnologías de la Información. Además de la informática, sus otras pasiones son el deporte y la naturaleza.

A Marisa, gracias por el apoyo que me brindas cada día.

Índice

2. Programación de servicios web en entornos distribuidos.......... 77

Bibliografía 125

Introducción normativa

La Ley Orgánica 3/2022, de 31 de marzo, de ordenación e integración de la Formación Profesional, contiene una disposición derogatoria única que afecta a la regulación de los certificados de profesionalidad, ahora denominados **Certificados Profesionales.** La referida normativa deroga la Ley Orgánica 5/2002, de 19 de junio, de las Cualificaciones y de la Formación Profesional, y abre un escenario de cambios que se irán implementando progresivamente.

La Ley Orgánica 3/2022, de 31 de marzo, de ordenación e integración de la Formación Profesional implica que toda la formación es acumulable. La oferta formativa se estructura de forma escalonada, siendo los Certificados Profesionales un nivel intermedio (Grado C) de una escala que va desde el Grado A hasta el E.

En los artículos 35 a 38 de la Ley 3/2022 se describe en qué consisten estos Certificados Profesionales: su oferta, formación asociada, estructura, duración, acceso, titulación y validez. Posteriormente, esta normativa se completa con lo dispuesto en el Real Decreto 659/2023, de 18 de julio, que desarrolla la ordenación del sistema de Formación Profesional. Concretamente en los artículos 67 a 81 es donde se hace referencia a la oferta formativa de Grado C, correspondiente a los Certificados Profesionales.

Están agrupados en 26 familias profesionales con características comunes del sector. En la actualidad hay más de medio millar de Certificados Profesionales incluidos en el Repertorio Nacional. Esta cifra no deja de crecer. Además, cada certificado está específicamente regulado por un real decreto.

Un Certificado Profesional corresponde al Grado C de la oferta del Sistema de Formación Profesional. Es un documento oficial, con validez en todo el territorio nacional y debe constar en el Catálogo Nacional de Ofertas de Formación Profesional, que certifica la capacitación para el desarrollo de una actividad profesional.

Debe detallar los módulos profesionales superados y los estándares de competencia profesional asociados a él e incluidos en el **Catálogo Nacional de Estándares de Competencias Profesionales,** así como su correspondencia con el Marco Español de Cualificaciones.

Despliegan su validez en un doble ámbito, laboral y académico:

- En el contexto laboral tienen validez profesional, porque acreditan las competencias en una determinada profesión. Para poder trabajar en algunas profesiones, se exigen determinadas cualificaciones, y los certificados sirven para acreditarlas.

- Asimismo, tienen validez académica, puesto que permiten continuar un itinerario formativo siempre que se cumplan los requisitos de acceso para cursar la titulación deseada. De tal modo que, los Certificados Profesionales que sean parte de un Grado D permitirán la matrícula modular para completar los módulos establecidos en el currículo y obtener el correspondiente título de técnico básico, técnico o técnico superior con validez en todo el territorio nacional.

Para obtener un Certificado Profesional (Grado C) es preciso cumplir con los requisitos de acceso para realizar la formación.

Estructura de los Certificados Profesionales

I. Identificación: denominación, familia y área profesional a la que pertenecen; nivel de cualificación profesional (1, 2 o 3); cualificación profesional de referencia; entorno profesional y módulos formativos que esté previsto cursar junto con la duración de cada uno de ellos.

II. Perfil profesional: incluye las competencias profesionales requeridas en el mercado laboral. En todas ellas se concretan las realizaciones profesionales y los criterios de realización.

III. Formación: describe los módulos formativos que esté previsto cursar para adquirir las competencias requeridas. En cada uno de ellos se indican las capacidades que se pretende alcanzar y la duración del módulo de prácticas no laborales —PNL—, para el que cabe solicitar exención si se cumplen determinados requisitos.

IV. Prescripciones de las personas formadoras.

V. Requisitos mínimos de espacios, instalaciones y equipamiento.

Los Certificados Profesionales se identifican con una denominación concreta y un código alfanumérico propio, y sirven para acreditar una determinada cualificación profesional. Cada certificado está asociado a una relación de unidades de competencia que, a su vez, se vinculan con una serie de módulos formativos específicos. Algunos módulos están integrados por unidades formativas y tanto unos como otras son, en ocasiones, transversales, lo que significa que se trata de contenidos incluidos en más de un Certificado Profesional.

Los Certificados Profesionales se articulan en tres niveles de competencia profesional (1, 2 y 3) conforme a lo dispuesto en el que será el Catálogo Nacional de Estándares de Competencias Profesionales, anteriormente Catálogo Nacional de Cualificaciones Profesionales (CNCP), según los criterios establecidos de conocimientos, iniciativa, autonomía y complejidad de las tareas, en cada una de las ofertas de Formación Profesional.

La oferta formativa dirigida a la obtención de los Certificados Profesionales tiene carácter modular para favorecer la acreditación parcial acumulable de la formación recibida y posibilitar así el avance en el itinerario de Formación Profesional para cualquiera que sea la situación laboral de cada persona en cada momento.

En definitiva, el Grado C constituye la oferta, parcial y acumulable, del sistema de Formación Profesional, de varios módulos profesionales del catálogo modular de Formación Profesional por razón de su significado en el mercado laboral y conducente a la obtención de un Certificado Profesional.

Las ofertas de Grado C de Formación Profesional tendrán por objeto módulos profesionales incluidos previamente en el catálogo modular de formación profesional y asociados al Catálogo Nacional de Estándares de Competencias Profesionales.

Finalidad de los Certificados Profesionales

- Contribuir a la ordenación de un Sistema de Formación Profesional al servicio de un régimen de formación y acompañamiento profesionales que sea capaz de responder con flexibilidad a los intereses, expectativas y aspiraciones de cualificación profesional de las personas a lo largo de su vida.

- Combinar escuela y empresa situando a la persona en el centro del sistema.

- Facilitar el aprendizaje permanente de toda la ciudadanía mediante una formación abierta, flexible y accesible, estructurada de forma modular, a través de la oferta formativa asociada al certificado.

- Acreditar las cualificaciones profesionales o las unidades de competencia recogidas en estas, independientemente de su vía de adquisición, bien sea través de la vía formativa, o mediante la experiencia laboral o vías no formales de formación.

- Favorecer, tanto a nivel nacional como europeo, la transparencia del mercado de trabajo.

- Contribuir a la calidad de la oferta de Formación Profesional.

Este libro

El presente libro desarrolla la Unidad Formativa denominada *Desarrollo de aplicaciones web distribuidas,* UF1846.

Dicha Unidad Formativa está asociada a la Unidad de Competencia UC0492_3, incardinada en el MF0492_3 *Programación web en el entorno servidor,* perteneciente a la Cualificación Profesional de referencia IFC154_3, de nivel 3, *Desarrollo de aplicaciones con tecnologías web,* incluida en el Certifi cado de Profesionalidad denominado IFCD0210 *Desarrollo de aplicaciones con tecnologías web,* dentro de la familia profesional Informática y comunicaciones.

Según el Real Decreto 1531/2011, de 31 de octubre modificado por el RD 628/2013, de 2 de agosto, los contenidos que en esta obra se recogen se corresponden con una duración de 60 horas.

Tanto la estructura como el desarrollo del libro se ajustan al citado real decreto y más concretamente a los contenidos de la Unidad Formativa que le da título *Desarrollo de aplicaciones web distribuidas,* UF1846.

Contenido

1. **Arquitecturas distribuidas orientadas a servicios**
   - Características generales de las arquitecturas de servicios distribuidos
   - Modelo conceptual de las arquitecturas orientadas a servicios
     — Basados en mensajes
     — Basados en recursos
     — Políticas y contratos de servicios
   - Aspectos de seguridad en arquitecturas orientadas a servicios
     — Seguridad de datos
     — Seguridad de mensajes
     — Control de acceso. El modelo RBAC
     — Seguridad en comunicaciones. Protocolos seguros
   - Implementación de arquitecturas orientadas a servicios mediante tecnologías web
     — Especificaciones de servicios web de uso común: SOAP, REST, etc.
     — Lenguajes de definición de servicios: el estándar WSDL
     — Estándares de seguridad en servicios web: WS-Security, SAML, XACML, etc.

- Implementación de la seguridad en arquitecturas orientadas a servicios
  - Conceptos básicos de criptografía
  - Tipos de criptografía
  - Entidades certificadoras
  - Certificados digitales. Características
  - Identificación y firma digital mediante certificados digitales
  - Cifrado de datos
- Directorios de servicios
  - Concepto de directorio
  - Ventajas e inconvenientes
  - Directorios distribuidos
  - Estándares sobre directorios de servicios: UDDI

2. **Programación de servicios web en entornos distribuidos**
- Componentes software para el acceso a servicios distribuidos
  - Definición de servicios
  - Generación automática de servicios
- Programación de diferentes tipos de acceso a servicios
  - Servicios basados en publicación/suscripción
  - Servicios basados en repositorios
  - Servicios accesibles desde agentes de usuario
  - Proveedores y consumidores de servicios en entorno servidor
- Herramientas para la programación de servicios web
  - Comparativa
  - Bibliotecas y entornos integrados (frameworks) de uso común

■ Nota del Editor

En Ediciones Paraninfo estamos comprometidos con la calidad de la formación e intentamos que nuestros materiales respondan fielmente y con rigor a las necesidades de todos cuantos confían en nuestro sello editorial.

Tratamos de dar respuesta a los currículos de las unidades formativas y de los módulos que integran los distintos Certificados Profesionales, equilibrando la parte teórica con la práctica para que los procesos de aprendizaje se conviertan en experiencias gratificantes, tanto para docentes como para las personas inmersas en los procesos formativos.

Nuestros objetivos son contribuir de forma decisiva a afianzar aprendizajes, ayudar a adquirir destrezas que tengan significado para el empleo y conseguir potenciar el desarrollo personal.

Para lograrlo contamos con excelentes autores, expertos en las materias que abordan, en la mayoría de los casos docentes de dichas especialidades con dilatada experiencia tanto profesional como académica, porque buscamos perfiles familiarizados con los contextos laborales concretos a los que se refieren nuestros manuales.

Confiamos en poder serte de ayuda y esperamos tus impresiones acerca de nuestro trabajo. Sean positivas o negativas, serán muy bien recibidas y, sin duda, nos ayudarán a seguir mejorando y trabajando con ilusión para continuar siendo un referente en formación para el empleo.

Agradecemos tu confianza en nuestros manuales. Todo nuestro equipo queda a tu total disposición. Puedes contactar con nosotros en esta dirección de correo electrónico:

info@paraninfo.es

1. Arquitecturas distribuidas orientadas a servicios

Introducción

La arquitectura orientada a servicio (SOA – *Service Oriented Architecture*) es un modelo conceptual que permite desarrollar aplicaciones web distribuidas utilizando servicios de terceros a través de la red. En este capítulo se estudiarán este y otros modelos de arquitectura junto a las técnicas y tecnologías disponibles para crear aplicaciones de este tipo.

Contenido

1.1. Características generales de las arquitecturas de servicios distribuidos

Este apartado se inicia haciendo una introducción general a la **arquitectura de servicios distribuidos**, cómo están diseñados y cómo se implementan. Se continúa con una revisión histórica del origen de estas arquitecturas y se finaliza señalando las características generales presentes en el *software* de servicios distribuidos.

1.1.1. Arquitectura de sistemas distribuidos

Un **sistema distribuido** consiste en un **conjunto de nodos de cómputo que están comunicados entre sí a través de una red de comunicación**. Los nodos del sistema distribuido pueden estar físicamente en una misma habitación o dispersados a lo largo y ancho del mundo, y se comunican mediante **paso de mensajes**. En este último caso, la comunicación se desarrolla a través de Internet. Al *software* que se ejecuta en un sistema distribuido se le conoce como **programa distribuido**.

El concepto de sistema distribuido está estrechamente relacionado con los de **computación paralela**, **computación concurrente** y otros términos similares, aunque cada uno de ellos tiene diferentes matices. La definición de sistema distribuido puede considerarse más amplia y puede incluir a aquellos sistemas en los que diferentes procesos o hilos de ejecución de un mismo nodo interaccionan entre sí utilizando **memoria compartida (*shared memory*)**. Ambos modelos, computación paralela mediante memoria compartida y nodos distribuidos, pueden aparecer conjuntamente formando un **sistema de computación híbrida distribuida**.

Recurso
«Concurrencia vs. Paralelismo». Vídeo del profesor Josep Silva Galiana de la UPV. https://youtu.be/kMr3mF71Kp4?si=Ao6hcrZua5GTqtk0

En la definición de sistema distribuido se mezclan conceptos de *hardware* y *software*. Estos dos elementos no son excluyentes, al contrario, es necesario que aparezcan ambos para considerar que un sistema es distribuido. Por ejemplo, actualmente un ordenador personal o incluso las últimas generaciones de móviles disponen de más de una unidad de cómputo o CPU, y no solo eso, las tarjetas gráficas disponen de cientos de unidades de proceso llamadas **GPU (*Graphics Proccesing Unit*)**, pero esto no los convierte en un sistema distribuido.

Es necesario construir un *software* específico que sea capaz de aprovechar estos recursos para solucionar un problema determinado en un tiempo inferior al que se emplearía si se utilizase un *software* secuencial. Asimismo, es posible construir un sistema distribuido utilizando equipos con un único procesador, pero comunicando estos nodos entre sí mediante el paso de mensajes.

Una característica importante de un sistema distribuido es que desde un punto de vista externo, **el sistema distribuido actúa como si fuera una única unidad**.

Un sistema distribuido puede construirse empleando un lenguaje de programación que disponga de las características necesarias para ello de forma nativa, o bien, haciendo uso de alguna librería, API o *framework* específico para programar *software* distribuido. Estos aspectos, así como las características de un sistema distribuido y de cómo se organiza su red de comunicaciones se discuten a continuación.

Lenguajes de programación para implementar *software* distribuido

La lista de lenguajes de programación que existen para programar *software* distribuido es bastante extensa, algunos de los más destacados son:

- **Java**. El lenguaje Java permite crear programas concurrentes de forma nativa empleando hilos de ejecución o ***threads***. Además, la tecnología **RMI** (**Remote Method Invocation**) disponible en el JDK se utiliza para invocar a métodos remotos de objetos localizados en otros ordenadores (véase el subepígrafe 1.1.2. Origen de las arquitecturas orientadas a servicios.

- **Go**. Este lenguaje creado en el seno de Google por Rob Pyke y Ken Thompson, creadores de Unix y el lenguaje C, soporta de forma nativa la creación de ***goroutines*** que se comunican entre sí por medio de canales (***channels***). La concurrencia en Go es una aproximación al modelo de comunicación secuencial de procesos o CSP (**Communicating Sequential Processes**) propuesto por C. A. R. Hoare.

- **Erlang**. Es un lenguaje de programación diseñado para construir sistemas en tiempo real masivamente escalables y con altos requisitos de disponibilidad y tolerancia a fallos. La comunicación entre los procesos se realiza mediante paso de mensajes a través de ***sockets*** TCP/IP.

Lectura recomendada [ENG]

Puedes completar la lista de lenguajes de programación distribuidos en este artículo de la Wikipedia.

https://en.wikipedia.org/wiki/List_of_concurrent_and_parallel_programming_languages

---

Librerías de programación distribuida

En cuanto a librerías o *frameworks* de programación distribuida, destacan las siguientes:

- **CUDA**: es un modelo de programación paralela inventado por NVIDIA que utiliza las unidades de proceso de gráficos o GPU (***Graphics Proccessing Unit***) presentes en las tarjetas gráficas vendidas por este fabricante.

- **MPI (Message Passing Interface)**: es una API o interfaz estándar que define la sintaxis y el comportamiento de este modelo de programación paralela basado en la comunicación mediante el paso de mensajes. Existen diferentes implementaciones del estándar; algunas son librerías abiertas y otras comerciales; los ejemplos más destacados son **OpenMPI**, **MPICH**, **HP-MPI** e **Intel MPI**.

- **PThreads (POSIX Threads)**: es un modelo conceptual estándar independiente del lenguaje de programación definido por el IEEE Std 1003.1-1995 que permite crear *software* con un flujo de ejecución concurrente en el que existen componentes llamados ***threads*** o **hilos**, cuyo contexto de ejecución es independiente de cualquier otro. El programa principal es el encargado de crear, sincronizar y destruir los ***threads***. Existen diferentes librerías que implementan esta API para los diferentes sistemas operativos.

- **OpenMP (Open MultiProcessing)**: es una API estándar y multiplataforma para la programación paralela de memoria compartida con soporte para los lenguajes C, C++ y Fortran.

En la arquitectura de sistemas distribuidos podemos encontrarnos con **modelos híbridos**, en los que se combinan, por ejemplo, una arquitectura de memoria compartida usando **OpenMP** o **CUDA** en cada nodo, mientras que los diferentes nodos se comunican entre sí con **MPI**.

Recursos [ENG]

Enlace a recursos relacionados con las librerías y *frameworks* de programación distribuida:
Información para programadores CUDA: https://developer.nvidia.com/cuda-zone
Foro de MPI con la documentación oficial: http://www.mpi-forum.org/
Tutorial de PThreads: https://computing.llnl.gov/tutorials/pthreads/
Web oficial de OpenMP: http://openmp.org

Características de un sistema distribuido

Las principales características que debe tener en cuenta cualquier sistema distribuido son:

- **Heterogeneidad**. El *hardware* y el *software* de los nodos puede ser totalmente distinto, por ejemplo, ordenadores personales con sistemas operativos distintos, móviles, servidores, etcétera.

- **Seguridad**. La información que circula entre los nodos puede ser sensible, por lo que debe garantizarse que sea accesible solo por aquellos nodos de la red a los que va destinada y no otros.

- **Escalabilidad**. El número de nodos del sistema distribuido debe poder aumentar o disminuir según las necesidades de cómputo de cada instante.

- **Tolerancia a fallos**. Esta cualidad permite al sistema distribuido detectar errores y ser capaz de recuperarse de ellos, es decir, a no detenerse cuando un error ocurre.

- **Concurrencia**. Un sistema distribuido debe permitir el acceso de multitud de usuarios (por usuario puede entenderse también otro *software* distribuido) al mismo tiempo sin que afecte al rendimiento.

- **Transparencia**. Un sistema distribuido actúa sin que se tengan que conocer ciertos aspectos del mismo, para el usuario debe ser como si se comunicara con un único servidor.

Topologías de red

La red de comunicación que conecta los diferentes nodos del sistema distribuido puede tener distintas topologías. Las más habituales son las siguientes:

- **Centralizada**. Un nodo de la red es el central y se encarga de distribuir el trabajo al resto de nodos conectados a él. Esta topología tiene la ventaja de su sencillez; por contra, el nodo central puede ser un cuello de botella si recibe muchas peticiones.

- **En anillo**. En este tipo de topología, todos los nodos están conectados el uno con el otro formando una cadena o círculo cerrado.

- **Jerárquica**. Esta topología de red tiene forma de árbol: los nodos hoja reclaman la información a sus nodos padre, que en caso de no disponer de ella pasan la petición a su nodo padre. Los servidores de dominio DNS tienen una topología de este tipo.

- **Descentralizada**. La comunicación es posible entre cualquier nodo de la red sin que haya nodos que gestionen la red por encima de otros.

Las redes *peer-to-peer* (P2P) o **de igual a igual** son un tipo de sistema distribuido en el que sus nodos actúan a la vez como clientes y servidores. Este tipo de red permite el intercambio de información entre dos nodos de la red cualesquiera sin que tenga que existir un servidor central. El origen de esta red se remonta a 1999 con la aplicación Napster que servía para compartir documentos, especialmente música, entre sus usuarios.

El ejemplo más notable de arquitectura distribuida lo encontramos en los servicios de **computación en la nube** (*cloud computing*), con empresas como Amazon con **AWS** (**Amazon Web Services**), Microsoft con **Azure** y Google con **GCP** (**Google Cloud Platform**). Para implantar infraestructuras de este tipo se emplean tecnologías como las que incluye **OpenStack**.

Recursos [ENG]

Enlace a plataformas de computación en la nube:
AWS: https://aws.amazon.com
Microsoft Azure: https://azure.microsoft.com
GCP: https://cloud.google.com
OpenStack: https://www.openstack.org

1.1.2. Origen de las arquitecturas orientadas a servicios

La transición del *software* con una estructura monolítica a la estructura orientada a servicio se inició a principios de los años ochenta a través de la tecnología de **llamadas a procedimientos remotos** (RPC, *Remote Procedure Call*). RPC es una técnica de computación distribuida por la que **un programa que se ejecuta en una máquina puede realizar llamadas a funciones alojadas en máquinas distintas** de una manera transparente. Esto significa que el programa no necesita conocer detalles de dónde se ubican los procedimientos remotos, de modo que para el programa es como llamar a una función local. La tesis doctoral de B. J. Nelson, presentada en 1981 en la Universidad Carnegie-Mellon sobre RPC, analiza los mecanismos existentes hasta entonces y sus debilidades. Nelson propuso una serie de propiedades esenciales que debían reunir las llamadas a procedimientos remotos y demostró que esta técnica era eficiente para el diseño de sistemas distribuidos.

Lectura recomendada [ENG]

Tesis doctoral de Bruce Jay Nelson sobre RPC.
ftp://bitsavers.informatik.uni-stuttgart.de/pdf/xerox/parc/techReports/CSL-81-9_Remote_Procedure_Call.pdf

---

A partir de este concepto surgieron diferentes API para diseñar aplicaciones distribuidas. Las más destacadas son:

- **DCOM (Distributed Component Object Model)**. Es una tecnología propietaria de Microsoft para la implementación de *software* distribuido en el que un objeto en el lado del cliente puede invocar a objetos en el lado servidor a través de la red. Para la comunicación utiliza los protocolos TCP/IP y HTTP. Es una extensión del modelo de componentes COM que permite la comunicación entre procesos en el Sistema Operativo Windows.

- **CORBA (Common Object Request Broker Architecture)**. Es una tecnología estándar que permite intercomunicar objetos escritos con diferentes lenguajes de programación, distribuidos a través de la red y que se ejecutan en ordenadores con diferentes arquitecturas y sistemas operativos, lo que permite una gran interoperabilidad. En cuanto a la comunicación, CORBA utiliza el protocolo **IIOP (Internet Inter-ORB Protocol)**. La especificación del estándar CORBA es realizada y mantenida por el **OMG (Object Management Group)**.

- **Java RMI (Remote Method Invocation)**. De manera similar a las tecnologías anteriores, Java RMI permite crear programas Java distribuidos que pueden invocar los métodos de objetos Java que se ejecutan en otras máquinas virtuales (JVM), es decir, en nodos diferentes. La comunicación entre objetos Java se realiza mediante el protocolo **JRMP (Java Remote Method Protocol)**. La implementación de esta API se encuentra en el paquete **java.rmi** del JDK.

 Recursos [ENG]
Enlaces con información de las tecnologías presentadas: DCOM, CORBA y Java RMI.
Especificación de DCOM: https://msdn.microsoft.com/library/cc201989.aspx
Página web oficial de CORBA: http://www.corba.org/
Página de Oracle sobre Java RMI: http://www.oracle.com/technetwork/java/javase/tech/index-jsp-136424.html

Una tecnología relacionada con las anteriores es **WebSocket** estandarizada en 2011 (RFC 6455). Con ella es posible realizar una comunicación interactiva entre el navegador y el servidor web, esto hace que el servidor pueda enviar datos al cliente sin que este haya tenido que realizar una solicitud previamente.

Las tecnologías RPC evolucionaron a través del protocolo **XML-RPC**, que emplea XML para codificar la información y HTTP como protocolo de transporte, lo que más adelante dio origen al concepto de **servicio web**. Al nacimiento de este concepto ha ayudado la rápida evolución de la **World Wide Web** (WWW) y de las tecnologías asociadas a la programación web, que han permitido que el *software* pase de estar pensado para ejecutarse en ordenadores de escritorio a ser ejecutado en un navegador web; todo ello sin olvidarnos de la **computación en la nube** o *cloud computing*.

El concepto de servicio web

El W3C define servicio web como un: «sistema *software* diseñado para soportar comunicaciones interoperables entre máquinas a través de una red».

El servicio web expone públicamente una **interfaz con la lista de operaciones** que puede realizar. La aplicación cliente que desea usar el servicio web le solicita que ejecute una determinada operación enviándole los parámetros necesarios. El servicio responde al cliente devolviéndole la información solicitada. El concepto **interoperable** significa que el proceso es totalmente independiente de los lenguajes y tecnologías utilizados en el lado cliente y en el lado servidor, ya que se emplean protocolos estándares en la comunicación.

Lectura recomendada

Artículo en la Wikipedia sobre servicio web.
https://es.wikipedia.org/wiki/Servicio_web

Otras definiciones de servicio web explicitan el uso de ciertas tecnologías que hacen que el concepto pierda genericidad e independencia de su implementación. Esto es un error, ya que existen multitud de tecnologías que permiten diseñar e implementar servicios web.

Por tanto, los servicios web son una **evolución de las tecnologías de RPC que hacen uso de la web para diseñar *software* distribuido e interoperable**. Las siguientes secciones profundizan en las arquitecturas de *software* orientadas a servicios y en las tecnologías y estándares existentes para la implementación de servicios web.

Lectura recomendada

Guía breve del W3C sobre qué es y cómo funciona un servicio web.
http://www.w3c.es/Divulgacion/GuiasBreves/ServiciosWeb

1.1.3. Características del *software* de servicios distribuidos

Los servicios distribuidos permiten construir *software* que utiliza los recursos y las capacidades de cómputo de terceros. Hoy en día hay innumerables ejemplos de aplicaciones de este tipo.

Para que un servicio distribuido sea posible, es necesario que reúna las siguientes características:

- **Visibilidad**. Es la capacidad de un servicio distribuido de poder ser conocido por aquellos que desean usarlo. La visibilidad también incluye la descripción de dicho servicio y los requisitos que deben cumplirse para poder usar el servicio; a esto se le denomina **contrato**.

- **Reusabilidad**. Los servicios distribuidos se diseñan de modo que puedan ser reutilizados en diferentes escenarios.

- **Interactividad**. Un servicio distribuido interactúa con los clientes que hacen uso de los recursos que ofrece. Esta interacción se realiza mediante paso de mensajes e intercambio de información.

- **Interoperabilidad**. Un servicio distribuido está diseñado para poder comunicarse de una manera estándar con diferentes plataformas. Es independiente de los lenguajes de programación y de los sistemas operativos de los clientes y del servidor.

- **Seguridad**. El servicio distribuido debe atender solo las peticiones de aquellos clientes que dispongan de la autorización adecuada. Además, se debe garantizar la integridad y confidencialidad de los datos.

1.2. Modelo conceptual de las arquitecturas orientadas a servicios

La **arquitectura orientada a servicio** (**SOA** – *Service Oriented Architecture*) es un modelo conceptual que permite desarrollar aplicaciones web distribuidas utilizando servicios de terceros a través de la red.

El paradigma SOA es bastante complejo y está en continuo desarrollo. La organización encargada de crear estándares para SOA es **OASIS** (**Organization for the Advancement of Structured Information Standards**), organización que también ha desarrollado el estándar **Open Document**, un formato abierto de documentos ofimáticos, entre otros.

Lectura recomendada [ENG]

Modelo de referencia de arquitectura de SOA (SOA-RAF) propuesto por OASIS.
http://docs.oasis-open.org/soa-rm/soa-ra/v1.0/soa-ra.html

Si bien el modelo SOA no hace referencia a qué tecnologías se deben utilizar para implementar un servicio web, comúnmente se le asocian las siguientes:

- **WSDL (Web Services Description Language)**. Es un lenguaje basado en XML para definir y describir un servicio web (véase el subepígrafe 1.4.2. Lenguajes de definición de servicios: el estándar WSDL, WADL, RAML, Open API Specification y API Blueprint.

- **SOAP (Simple Object Access Protocol)**. Es un protocolo estándar basado en XML que define cómo el cliente puede invocar una operación del servicio web y obtener el resultado (véase el subepígrafe 1.4.1. Especificaciones de servicios web de uso común: SOAP y REST).

- **REST (REpresentational State Transfer)**. Es un paradigma o modelo de arquitectura para construir servicios web escalables empleando los métodos del protocolo HTTP. Este modelo de arquitectura establece una serie de restricciones en el diseño; a las aplicaciones que respetan estas restricciones se les denomina **RESTful** (véase el subepígrafe 1.4.1. Especificaciones de servicios web de uso común: SOAP y REST).

- **UDDI (Universal Description, Discovery and Integration)**. Es un mecanismo para publicar un catálogo de los servicios de cualquier organismo (véase el subepígrafe 1.6.4. Estándares sobre directorios de servicios: UDDI.

A lo largo de esta unidad se profundiza en estas y otras tecnologías, muy empleadas en las arquitecturas de servicios distribuidos.

Con el ánimo de fomentar la interoperabilidad entre los servicios web y ofrecer recomendaciones en el diseño de estos se creó la **Web Services Interoperability Organization** (WS-I), que ahora forma parte de OASIS.

La WS-I define el concepto de *profile* como: «un conjunto de especificaciones de servicios web en una determinada versión, junto con un conjunto de guías de implementación e interoperabilidad que recomiendan cómo se pueden usar estas especificaciones para desarrollar servicios web interoperables».

En definitiva, un *profile* no es más que **una guía de diseño en la que se recomienda cómo usar un conjunto de tecnologías para crear servicios web interoperables**. Además, la WS-I provee de herramientas para testear la interoperabilidad de los servicios web implementados. Los *profiles* más relevantes definidos por la WS-I son:

- **Basic Profile** (BP). Define la guía de diseño para las tecnologías centrales de los servicios web WSDL, SOAP y UDDI. La versión 2.0 es la última publicada y establece el uso de SOAP 1.2, UDDI 3 y WS-Addressing.

- **Basic Security Profile**. Define qué tecnologías de seguridad y en qué modo deben usarse para garantizar la interoperabilidad del servicio web. La última versión disponible es la 1.1, entre otros aspectos establece cómo usar la criptografía de llave pública, el protocolo TLS y SSLv3, certificados X.509, Kerberos, WS-Security, XML Encryption, XML Signature, etcétera.

Recurso [ENG]
Web de la WS-I con información sobre los *profiles* elaborados.
http://www.ws-i.org/deliverables/matrix.aspx

Pila de protocolos de servicios web

La arquitectura de servicios web está organizada en capas, cada una de ellas con una función determinada y en las que se pueden emplear protocolos distintos según el tipo de implementación. A esta estructura se la conoce como **pila de protocolos de servicios web** (*Web Services Protocol Stack*). Esta pila de protocolos está formada por cuatro capas:

- **Service Transport**. Es la capa encargada de transportar los mensajes entre las aplicaciones a través de la red. Pueden emplearse los protocolos HTTP, FTP, SMTP, BEEP (*Blocks Extensible Exchange Protocol*).

- **Service Packaging and Extensions**. Esta capa es la responsable de codificar los mensajes. La forma habitual es utilizar XML, pero hay otros protocolos que no están basados en él. Ejemplos de protocolos usados en esta capa son XML-RPC, JSON-RPC, SOAP, SOAP-DSIG, SWA, MTOM/XOP, WS-Routing y WS-Security.

- **Service Description**. Esta capa describe la interfaz pública del servicio web. El protocolo más extendido es WSDL, pero hay otros como WADL, WSEL, WSCL, WSCM y XLANG.

- **Service Discovery**. Esta capa es la responsable de la difusión y publicación del servicio web para que pueda ser descubierto. El protocolo UDDI fue diseñado con este objetivo, centralizando la publicación de los servicios junto con su descripción en un registro.

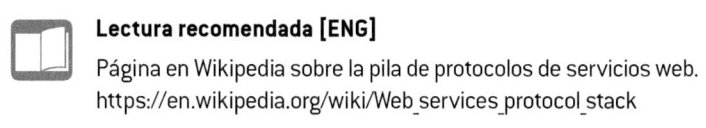
Arquitectura de servicios web del W3C

El W3C propone una arquitectura de servicios web en términos de modelos, conceptos y relaciones a modo de guía para los diseñadores de servicios web. La propuesta pretende ser una referencia de **cómo debe estar estructurado el *software* orientado a servicio** y las características comunes que deben reunir sin discutir las tecnologías o protocolos concretos que se pueden usar para realizar dicha arquitectura.

La arquitectura del W3C tiene cuatro modelos:

- El **modelo orientado a mensaje** (*Message Oriented Model*).

- El **modelo orientado a servicio** (*Service Oriented Model*).

- El **modelo orientado a recurso** (*Resource Oriented Model*).

- El **modelo de políticas** (*Policy Model*).

La Ilustración 1 muestra las relaciones entre los diferentes modelos de la arquitectura de servicios web del W3C y el concepto principal desde el que se enfoca cada modelo.

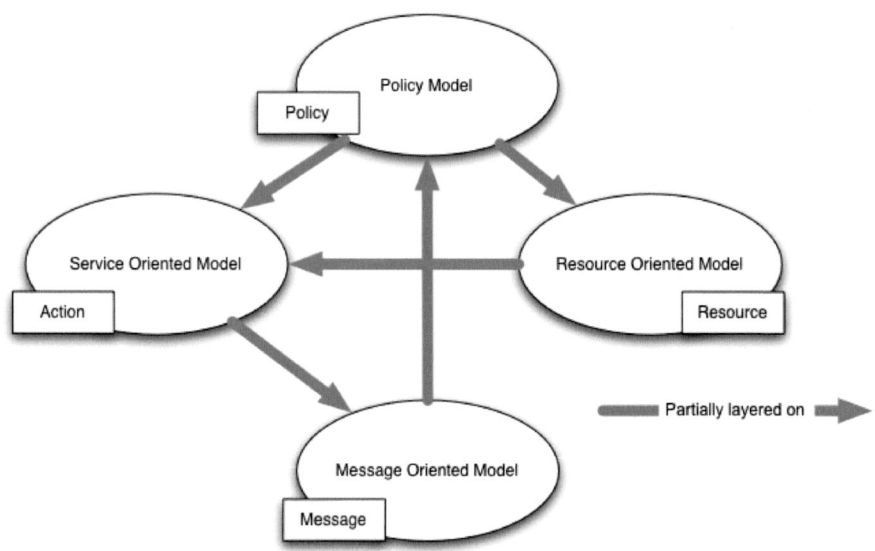

Ilustración 1. Modelos de arquitectura de servicios web del W3C.
Fuente: https://www.w3.org/TR/ws-arch/#concept.

Las siguientes secciones detallan las características de estos modelos.

Lectura recomendada [ENG]

Modelo de arquitectura de servicios web propuesto por el W3C.
https://www.w3.org/TR/ws-arch/

1.2.1. Basados en mensajes

Este modelo de arquitectura de servicios web se centra en los aspectos relacionados con los mensajes y su procesamiento. El modelo se centra en la estructura de los mensajes, en las relaciones entre los emisores y receptores de los mensajes, y en cómo los mensajes son transportados entre emisor y receptor.

Las siguientes tecnologías se emplean en servicios web basados en mensajes:

- **SOAP**. Es una recomendación del W3C para la comunicación entre el cliente y el servicio web. Utiliza XML para estructurar los mensajes y el transporte se puede hacer a través de cualquier protocolo de la capa de aplicación (HTTP, FTP, SMTP, etcétera).

- **Jakarta Messaging API** (JMS). Anteriormente llamada Java Message Service, permite crear aplicaciones distribuidas donde sus componentes se comunican enviando mensajes de forma asíncrona.

- **AMQP** (**Advanced Message Queuing Protocol**). Este protocolo permite el desarrollo de aplicaciones distribuidas e interoperables mediante el paso de mensajes y que además incluye seguridad. La versión 1.0 desarrollada por OASIS se ha convertido en el estándar internacional ISO/IEC 19464.

- **MSMQ** (**Microsoft Message Queuing**). Es un protocolo desarrollado por Microsoft que permite a aplicaciones distribuidas comunicarse entre sí de forma asíncrona a través de una red de comunicaciones heterogénea. Se encuentra presente en los sistemas operativos de Microsoft desde Windows NT 4.0, Windows 95 y Windows 98, hasta Windows Server 2012 y Windows 10.

JMS y AMQP son API que se engloban dentro de la familia **Message Oriented Middleware** (MOM). El objetivo de este tipo de librerías es hacer de intermediario *software* (*middleware*) para integrar componentes heterogéneos en el desarrollo de sistemas distribuidos.

Recursos [ENG]

Enlaces para ampliar la información sobre las tecnologías asociadas a los servicios web basados en mensajes.

SOAP: https://en.wikipedia.org/wiki/SOAP

JMS: https://projects.eclipse.org/projects/ee4j.messaging

AMQP: https://www.amqp.org/

MSMQ: https://msdn.microsoft.com/en-us/library/ms711472%28v=vs.85%29.aspx

1.2.2. Basados en recursos

A diferencia del modelo basado en mensajes explicado en la sección anterior, este tipo de modelo conceptual considera que **el servicio web es un recurso que se puede crear, consultar, modificar y eliminar**. Su origen está basado en la propia estructura de la web y en el funcionamiento del protocolo HTTP. A través de los métodos GET, POST, PUT y DELETE, se realiza la gestión de los recursos almacenados en los servidores web. Cada recurso dispone de una **URI** (*Uniform Resource Identifier*) que determina la ruta para acceder al mismo.

El modelo se centra en aspectos como la propiedad de los recursos, el descubrimiento de los recursos y las políticas asociadas con los recursos. El ejemplo más extendido de este tipo de modelo de arquitectura es REST.

1.2.3. Políticas y contratos de servicios

El concepto de **política** hace referencia a aspectos como la seguridad, el control de acceso, la calidad del servicio, etc., que deben tenerse en cuenta en la implementación del servicio web. Los apartados 1.3. Aspectos de seguridad en arquitecturas orientadas a servicios y 1.4. Implementación de arquitecturas orientadas a servicios mediante tecnologías web presentan numerosos conceptos y tecnologías que permiten establecer estos y otros aspectos en los servicios web.

Por otro lado, el **contrato** del servicio web es un documento que describe en detalle cómo funciona el servicio web, qué acciones puede realizar y cómo debe un cliente acceder a él, de modo que se pueda interactuar con este sin tener los detalles de su implementación. En el subepígrafe 1.4.2. Lenguajes de definición de servicios: el estándar WSDL, WADL, RAML, Open API Specification y API Blueprint, se presentan y describen las tecnologías empleadas para definir el contrato de un servicio web.

1.2.4. La arquitectura SOA y la arquitectura de microservicios

El término **microservicios** es bastante reciente y su popularidad va en aumento. Muchos autores consideran que el término no aporta nada nuevo al entender que esta idea ya se encuentra presente en el modelo de arquitectura propuesto por SOA.

Lectura recomendada
¿Qué son los microservicios?
https://aws.amazon.com/es/microservices/

El nacimiento del concepto de arquitectura de microservicios se remonta al año 2012 y se debe a un grupo de ingenieros entre los que se encuentran James Lewis y Martin Fowler, de ThoughtWorks, y Fred George.

Lectura recomendada [ENG]
Artículo de James Lewis y Martin Fowler explicando la arquitectura de microservicios.
http://www.martinfowler.com/articles/microservices.html

Adrian Cockcroft, ingeniero de Netflix y encargado de redefinir toda la arquitectura de servicios web de la empresa, define el concepto de microservicios como **una arquitectura SOA de grano fino**.

La arquitectura de microservicios consiste en la construcción de *software* a partir de numerosos servicios atómicos. La característica principal de estos servicios atómicos o microservicios es que **están diseñados para hacer una única tarea, sencilla y bien definida**. Otra característica es que su ciclo de desarrollo y mantenimiento debe ser totalmente independiente de cualquier otro componente, minimizando al máximo las dependencias. En la práctica, esto significa que es posible que se viole el principio de reutilización del *software* y, por tanto, pueda haber funcionalidad repetida entre los microservicios.

La filosofía de esta nueva arquitectura está relacionada con las metodologías ágiles de desarrollo de *software*. Al ser piezas totalmente independientes entre sí, su uso encaja a la perfección con los contenedores de *software*, un ejemplo de ello es su integración en plataformas como **Docker** y **Kubernetes**.

Existe bastante controversia en cuanto al uso de uno y otro modelo. Los defensores de SOA arguyen que los microservicios pueden ser útiles en sistemas pequeños, pero cuando se trata de una aplicación de servicios a gran escala o corporativa la única alternativa posible y viable es SOA.

1.3. Aspectos de seguridad en arquitecturas orientadas a servicios

La seguridad de cualquier sistema *software* debe ser una pieza fundamental y estar presente durante todo momento. Las políticas de seguridad que se apliquen deben estar relacionadas con el grado de sensibilidad de la información que guarda el sistema, es decir, cuanto más valiosa sea la información que maneja el sistema, más y mayores deberán ser los mecanismos de seguridad aplicados.

Los **aspectos de seguridad** que debe garantizar el *software* orientado a servicios son los siguientes:

- **Autenticación**. Debe garantizarse que un usuario que accede al sistema es quien dice ser.

- **Autorización**. Debe garantizarse que un usuario puede realizar en el sistema solo aquellas acciones para las que tiene permiso.

- **Confidencialidad**. Debe garantizarse que los datos del sistema y las comunicaciones no son accedidas por personas no autorizadas.

- **Integridad**. Ha de garantizarse que la información no ha sufrido ninguna modificación.

- **No repudio**. Debe garantizarse que una comunicación ha sido realizada por el solicitante sin que este lo niegue (no repudio del solicitante), así como que la comunicación se ha recibido correctamente (no repudio del receptor).

- **Disponibilidad**. El servicio debe estar disponible en todo momento, evitando caídas o cortes del servicio.

- **Auditabilidad**. Todas las acciones que se realizan en el sistema deben poder ser revisadas y auditadas para que, en caso de que se identifique alguna brecha de seguridad, poder identificar al autor o autores del ataque.

Las siguientes secciones explican las técnicas disponibles para lograr estos aspectos de seguridad y los principales ataques que puede sufrir un sistema *software* orientado a servicios.

1.3.1. Seguridad de datos

Se entenderá por seguridad de datos la seguridad de los datos que están almacenados en el sistema *software*, ya sea en bases de datos, ficheros, copias de seguridad o cualquier otro medio; para distinguirlo de la seguridad de mensajes (véase el subepígrafe 1.3.2. Seguridad de mensajes).

Normativa de protección de datos

En España, la **Ley Orgánica 3/2018**, de 5 de diciembre, **de Protección de Datos Personales y garantía de los derechos digitales**, traspone la normativa europea de protección de datos establecida por el Reglamento General de Protección de Datos (RGPD). Esta ley establece los derechos de los ciudadanos a consultar, rectificar y cancelar, entre otros, los datos personales almacenados por una empresa. Además, establece los distintos grados de seguridad según el tipo de dato del que se trate y las infracciones en las que se puede incurrir si se incumple la normativa.

Algunos de los tipos de sanciones previstos en la ley son:

- **Infracciones leves** (Artículo 74):
  — El incumplimiento del principio de transparencia de la información o el derecho de información del afectado por no facilitar toda la información exigida por los artículos 13 y 14 del Reglamento (UE) 2016/679.

  — No atender los derechos de acceso, rectificación, supresión, limitación del tratamiento o a la portabilidad de los datos en tratamientos en los que no se requiere la identificación del afectado, cuando este, para el ejercicio de esos derechos, haya facilitado información adicional que permita su identificación, salvo que resultase de aplicación lo dispuesto en el artículo 73 c) de esta ley orgánica.

  — El incumplimiento de la obligación de informar al afectado, cuando así lo haya solicitado, de los destinatarios a los que se hayan comunicado los datos personales rectificados, suprimidos o respecto de los que se ha limitado el tratamiento.

  — El incumplimiento de la obligación de suprimir los datos referidos a una persona fallecida cuando ello fuera exigible conforme al artículo 3 de esta ley orgánica.

- **Infracciones graves** (Artículo 73):
  — El tratamiento de datos personales de un menor de edad sin recabar su consentimiento, cuando tenga capacidad para ello, o el del titular de su patria potestad o tutela, conforme al artículo 8 del Reglamento (UE) 2016/679.

  — El impedimento o la obstaculización o la no atención reiterada de los derechos de acceso, rectificación, supresión, limitación del tratamiento o a la portabilidad de los datos en tratamientos en los que no se requiere la identificación del afectado, cuando este, para el ejercicio de esos derechos, haya facilitado información adicional que permita su identificación.

— La falta de adopción de aquellas medidas técnicas y organizativas que resulten apropiadas para garantizar un nivel de seguridad adecuado al riesgo del tratamiento, en los términos exigidos por el artículo 32.1 del Reglamento (UE) 2016/679.

— No disponer del registro de actividades de tratamiento establecido en el artículo 30 del Reglamento (UE) 2016/679.

- **Infracciones muy graves** (Artículo 72):

    — El tratamiento de datos personales vulnerando los principios y garantías establecidos en el artículo 5 del Reglamento (UE) 2016/679.

    — El tratamiento de datos personales relativos a condenas e infracciones penales o medidas de seguridad conexas fuera de los supuestos permitidos por el artículo 10 del Reglamento (UE) 2016/679 y en el artículo 10 de esta ley orgánica.

    — La vulneración del deber de confidencialidad establecido en el artículo 5 de esta ley orgánica.

    — La transferencia internacional de datos personales a un destinatario que se encuentre en un tercer país o a una organización internacional, cuando no concurran las garantías, requisitos o excepciones establecidos en los artículos 44 a 49 del Reglamento (UE) 2016/679.

Lectura recomendada

Texto consolidado de la Ley Orgánica 3/2018 de Protección de Datos Personales y garantía de los derechos digitales.
https://www.boe.es/buscar/act.php?id=BOE-A-2018-16673

La **Agencia Española de Protección de Datos (AEPD)** es la encargada de hacer cumplir esta ley y de imponer las multas por las infracciones que se cometan. La AEPD dispone de numerosas publicaciones y guías para clientes y prestadores de servicios, entre ellas podemos destacar la **Guía del Reglamento General de Protección de Datos para responsables del tratamiento**.

Es obligación de los responsables del tratamiento de datos mantener un registro de operaciones de tratamiento que contenga la información que establece el RGPD con cuestiones como:

- Nombre y datos de contacto del responsable y del delegado de protección de datos si existiese.

- Finalidades del tratamiento.

- Descripción de categorías de interesados.

- Categorías de datos personales tratados.

- Transferencias internacionales de datos.

Lectura recomendada

Guía del Reglamento General de Protección de Datos para responsables del tratamiento.
https://www.aepd.es/documento/guia-rgpd-para-responsables-de-tratamiento.pdf

Medidas de seguridad de los datos

Entre las medidas de seguridad que se deben tomar con los datos para protegerlos frente a posibles ataques o fugas de información, están el establecimiento de **políticas de copias de seguridad** y el **cifrado de los datos**. Para saber más sobre estos aspectos, le recomendamos consultar la *Guía de copias de seguridad para pymes* y la *Guía de uso de técnicas criptográficas para pymes,* ambas del INCIBE.

Lectura recomendada

Documentos de consulta relacionados con las medidas de seguridad de los datos.
Copias de seguridad: https://www.incibe.es/sites/default/files/contenidos/guias/guia-copias-de-seguridad.pdf
Cifrado de datos: https://www.incibe.es/sites/default/files/contenidos/politicas/documentos/uso-_tecnicas-criptograficas.pdf

1.3.2. Seguridad de mensajes

Se entenderá por seguridad del mensaje la seguridad de los datos enviados por un canal de comunicación no seguro para diferenciarla de la seguridad en comunicaciones (véase el subepígrafe 1.3.4. Seguridad en comunicaciones. Protocolos seguros. Un ejemplo de ello sería enviar un correo electrónico seguro utilizando el protocolo SMTP (no seguro).

La seguridad de los mensajes engloba los conceptos de confidencialidad e integridad. Supongamos que una línea de comunicación no segura es intervenida capturando todos los mensajes que circulan por la misma. El atacante podría leer el contenido de esos mensajes y/o modificarlo de algún modo que le sirviera para lograr sus fines. Por tanto, el objetivo de la seguridad de mensajes es evitar que esto ocurra.

Para lograr la **confidencialidad** es necesario cifrar los mensajes con alguna técnica de cifrado. En el apartado 1.5. Implementación de la seguridad en arquitecturas orientadas a servicios, se dan las nociones fundamentales sobre estas técnicas. El cifrado consiste en ocultar un mensaje para que aquellos a los que no va destinado sean incapaces de leerlo o modificarlo. Solo los receptores disponen de la información suficiente para poder descifrar el mensaje y poder leer su contenido.

La **integridad** se consigue añadiendo información al mensaje que permita comprobar si este se ha manipulado después de su creación. La técnica más común para hacerlo es utilizar **algoritmos de resumen** o *hash* que obtienen un valor determinado según el contenido. El receptor calcula el resumen del mensaje y lo coteja con el enviado en el mensaje; si coinciden, es que el mensaje está íntegro. Hay que destacar que el resumen enviado junto al mensaje debe ser protegido; si no, sería muy fácil para un atacante modificar tanto el mensaje como el resumen. Teóricamente se puede emplear cualquier mecanismo de cifrado, pero lo habitual es utilizar la técnica de firma, que además garantiza el no repudio del mensaje (véase el subepígrafe 1.5.5. Identificación y firma digital mediante certificados digitales.

Por ejemplo, los estándares **XML-Encryption** (XML-Enc) y **XML-Signature** (XML-Sig o XML-DSig) se utilizan para garantizar la confidencialidad y la integridad, respectivamente, al enviar mensajes de tipo XML por un canal no seguro como podría ser HTTP.

Esta sección se completa con los contenidos del subepígrafe 1.4.3. Estándares de seguridad en servicios web: WS-Security, SAML y XACML, donde se estudiarán y concretarán los protocolos y tecnologías empleados para implementar la seguridad de los servicios web.

1.3.3. Control de acceso. El modelo RBAC y el modelo ABAC

El control de acceso es el mecanismo por el cual se permite a un individuo acceder a un sistema (**autenticación**) y realizar una determinada acción (**autorización**):

- La **autenticación** permite responder a la pregunta ¿quién es el individuo? Existen diferentes mecanismos de autenticación: usuario/contraseña, certificado digital, Kerberos, sistemas biométricos (huella dactilar, reconocimiento de iris, etc.). Además, para incrementar la seguridad es recomendable usar más de un **factor de autenticación** (*Multi-Factor Authentication* o **MFA**), también llamado **2FA** (*two factor authentication*).

- La **autorización** permite determinar cuáles son las acciones permitidas de un individuo en el sistema. Por ejemplo, si el individuo puede crear, acceder, modificar o borrar un determinado recurso.

Los mecanismos de autorización más extendidos son el **basado en roles** (RBAC — *Role-Based Access Control*) y el **basado en atributos** (ABAC — *Attribute-Based Access Control*). A continuación se explican las características principales de cada uno de ellos.

Role-Based Access Control (RBAC)

Este modelo de control de acceso está ampliamente extendido. Un **rol es una cualidad de un grupo** al que se le asocia uno o más permisos. Por ejemplo, en un sistema *online* de publicaciones de noticias podrían existir los siguientes roles: escritor, editor y administrador. Los usuarios del sistema tendrían un determinado rol (pertenecerían a un grupo de usuarios) lo que determinaría las acciones que pueden hacer en el mismo. Otros ejemplos de este tipo de control de acceso los tenemos en los sistemas operativos basados en Unix o en sistemas gestores de bases de datos como MySQL o MariaDB.

Sin embargo, este modelo tiene serias limitaciones cuando se trata de determinar políticas o reglas de acceso más elaboradas, por ejemplo, para establecer diferentes permisos de acceso en función de cualidades o atributos de los usuarios como podría ser su nacionalidad, su edad, etc. Para estos casos, es recomendable el control de acceso basado en atributos (ABAC).

Attribute-Based Access Control (ABAC)

Este modelo de control de acceso **establece reglas o políticas de acceso a los usuarios en función del valor de ciertos atributos**. El conjunto de atributos que se puede usar no está limitado y puede ser amplio y diverso. Además, se pueden configurar reglas que usen un atributo individual o un conjunto de atributos. Ejemplos de atributos que pueden emplearse son la ubicación, la hora del día, la fecha de nacimiento, la nacionalidad, etcétera.

La tecnología **XACML** (*eXtensible Access Control Markup Language*) es una de las más utilizadas en sistemas de control de acceso basado en atributos; se estudiará más adelante (véase el subepígrafe 1.4.3 Estándares de seguridad en servicios web: WS-Security, SAML y XACML.

1.3.4. Seguridad en comunicaciones. Protocolos seguros

La seguridad en las comunicaciones hace referencia a las **medidas de protección del medio o canal** empleado para transmitir los mensajes entre el emisor y el receptor.

Las comunicaciones a través de Internet funcionan gracias a la utilización de una serie de protocolos estructurados en capas conocida como la **pila de protocolos TCP/IP**. Una generalización conceptual de esta pila es el llamado **modelo OSI (*Open System Interconnection*)**. No es objeto de este libro explicar el funcionamiento de cada una de estas capas, ni de los protocolos utilizados en ellas, ni detallar cómo se produce la comunicación entre dos nodos de la red. El lector interesado puede encontrar mucha bibliografía y material en la red a este respecto.

La Ilustración 2 muestra los protocolos que tienen algún tipo de mecanismo de seguridad, clasificados según las capas del modelo OSI y TCP/IP.

OSI	TCP/IP	Protocolos seguros
APLICACIÓN	APLICACIÓN	HTTPS, SFTP, SSH RADIUS, KERBEROS
PRESENTACIÓN		
SESIÓN	TRANSPORTE	SSL, TLS, IPsec (ESP)
TRANSPORTE		
RED	RED	PPTP, L2TP, IPsec
ENLACE	FÍSICA	Packet Filters, CHAP, PAP, Wireless Security (WEP, WPA, WPA2)
FÍSICA		

Ilustración 2. Protocolos seguros existentes en cada una de las capas del modelo OSI y TCP/IP.

A continuación se explican brevemente las características de cada uno de estos protocolos, desde la capa física a la capa de aplicación:

- **Capa física**:
  - **Packet Filters**. Es uno de los primeros tipos de cortafuegos, funciona entre la red interna y externa analizando los paquetes que entran y salen de ella. A través de un conjunto de reglas se determina si el paquete tiene permiso para pasar, en caso contrario, se le bloquea.

— **CHAP** (**Challenge Handshake Authentication Protocol**). Es un protocolo de autenticación alternativo al uso de contraseñas que se envían sin cifrar, definido en el RFC 1994. Se utiliza junto al protocolo **PPP** (**Point to Point Protocol**). Ofrece mejor seguridad que PAP.

— **PAP** (**Password Authentication Protocol**). Es usado por el protocolo PPP para validar a los usuarios antes de que estos accedan a los recursos. No es un protocolo muy seguro, ya que el usuario y contraseña se envían en texto plano, sin cifrar.

— **WEP** (**Wired Equivalent Privacy**). Es un protocolo de seguridad utilizado en las redes inalámbricas IEEE 802.11. Utiliza una clave hexadecimal de 10 o 26 dígitos y fue el mecanismo original de seguridad para este tipo de comunicaciones. Hoy está totalmente desaconsejado por considerarse inseguro.

— **WPA** y **WPA2** (**Wi-Fi Protected Access**). Nació en 2003 para sustituir a WEP. La primera versión utiliza **TKIP** (**Temporal Key Integrity Protocol**) como algoritmo de cifrado. WPA2 sustituye a la primera versión y ofrece mucha mayor seguridad. En esta segunda versión, el protocolo de cifrado se sustituye por **CCMP** (**CTR** *mode with* **CBC-MAC Protocol**) basado en el algoritmo de cifrado **AES** (**Advanced Encryption Standard**), junto a técnicas de comprobación de la autenticidad e integridad de los mensajes. Dispone de tres mecanismos distintos de autenticación: **WPA-Personal** conocida también como WPA-PSK (Pre-Shared Key), **WPA-Enterprise** orientada a redes empresariales y que requiere el uso de un servidor RADIUS, y **Wi-Fi Protected Setup** (WPS) un mecanismo que simplifica el proceso de autenticación, pero que introduce un grave agujero de seguridad conocido como WPS PIN *recovery*.

— **WPA3**. Aparece en 2018 e incorpora mejoras sobre WPA2, como el mecanismo **SAE** (**Simultaneous Authentication of Equals**) que mejora sustancialmente la autenticación personal (similar a WPA PSK).

• **Capa de red**:

— **PPTP** (**Point to Point Tunneling Protocol**). Su especificación fue propuesta en 1999 en el RFC 2637 por un consorcio de empresas entre las que se encontraba Microsoft y 3Com. Es un mecanismo para implementar redes privadas virtuales (VPN) y su seguridad es baja, habiéndose reportado graves agujeros de seguridad.

— **L2TP** (**Layer 2 Tunneling Protocol**). Es otro protocolo empleado para crear redes privadas virtuales basado en dos protocolos anteriores, PPTP y L2F (Layer 2 Forwarding Protocol). Fue propuesto como estándar en el RFC 2661. Su última versión se publicó en 2005, L2TPv3 en el RFC 3931 y actualizado en 2009 en el RFC 5641. Se usa en conjunción con IPsec (L2TP/IPsec) para crear VPN (RFC 3193).

— **IPsec** (Internet Protocol *security*). Este protocolo se emplea para proteger los paquetes IP en túneles para crear VPN. Tiene dos configuraciones básicas, **AH (Authentication Header)** y **ESP (Encapsulated Secure Payload)**.

- **Capa de transporte**:

  — **SSL (Secure Sockets Layer)**. Este mecanismo ofrece seguridad en cualquier transmisión sobre TCP. Era empleado por los protocolos de la capa de aplicación para ofrecer seguridad en dichas comunicaciones. Hoy día ha sido reemplazado por TLS.

  — **TLS (Transport Layer Security)**. Está basado en SSL y sus características son similares, por lo que a veces estos términos se confunden o se usan indistintamente en la bibliografía. Sin embargo, su funcionamiento es diferente. Si quiere profundizar más sobre la seguridad en los protocolos SSL y TLS, le recomendamos el libro de Alfonso Muñoz (@mindcrypt), *Seguridad en el protocolo SSL-TLS. Ataques criptoanalíticos modernos*, que puede encontrar en su repositorio de GitHub (https://github.com/mindcrypt/libros).

  — **IPsec ESP**. Esta configuración del protocolo **IPsec** puede funcionar en la capa de transporte proveyendo autenticación, integridad y confidencialidad a los paquetes IP.

- **Capa de aplicación**:

  — **HTTPS (HTTP Secure)**. Es el protocolo HTTP seguro que utiliza SSL o TLS para ofrecer seguridad en las comunicaciones. Se puede identificar fácilmente en el navegador si una conexión HTTP es segura por medio de un candado cerrado que aparecerá en la barra de direcciones.

  — **SSH (Secure SHell)**. Este protocolo de la capa de aplicación permite autenticarse en un servidor y ejecutar comandos en él de manera segura. SSH emplea criptografía de clave pública para la autenticación. Este protocolo sustituye a otros inseguros como **TELNET** o **rlogin** en donde la comunicación se transmite sin cifrar.

  — **SFTP (SSH File Transfer Protocol o Secure File Transfer Protocol)**. Este protocolo utiliza SSH para proveer seguridad al protocolo FTP. Se emplea para transmitir ficheros entre un cliente y un servidor FTP.

- **RADIUS (Remote Authentication Dial-In User Service)**. Es el protocolo más empleado de autenticación y autorización en los accesos a red. Los proveedores de servicios de Internet (ISP) usan este mecanismo para identificar a sus clientes.

- **Kerberos**. Es un protocolo de autenticación que utiliza el protocolo UDP para las comunicaciones. Se emplea para autenticar los clientes de un dominio, por ejemplo, en Windows. Utiliza tanto criptografía simétrica como criptografía de clave pública (véase el subepígrafe 1.5.2. Tipos de criptografía).

1.3.5. Ataques a la seguridad de los servicios web

Los ataques que puede sufrir un sistema informático son muchos y muy variados: desde técnicas de ingeniería social que nada tienen que ver con el uso de herramientas informáticas, como por ejemplo convencer a una persona para que te dé cierta información, conseguir que un usuario se descargue e instale cierta aplicación o que acceda a cierta página de Internet, etc.; a ataques sofisticados y coordinados de grupos organizados de ciberdelincuentes.

Dado que el espectro de posibles ataques que puede sufrir un sistema *software* es excesivamente amplio, nos centraremos en los tipos de ataques que pueden utilizar los ciberdelincuentes para vulnerar la seguridad de un servicio web:

- **Ataques a la disponibilidad** del servicio web. Tienen como objetivo dejar inutilizado el servicio web y que no pueda atender las peticiones que recibe. Algunas técnicas empleadas son: **denegación de servicio XML, redirección de XML Signature y XML Encryption, criptografía recursiva, denegación de servicio SOAP, WS-Addressing spoofing**, etcétera.

- **Ataques a la integridad**. Dirigidos a modificar o falsificar el contenido de la información del servicio web. Ejemplos de ataques son: **metadata *spoofing* sobre WSDL, WS Security Policy** y **XML Signature Wrapping**.

- **Ataques a la confidencialidad**. La finalidad de este ataque es obtener información protegida en las comunicaciones entre un cliente y un servicio web. Ataques de este tipo son: **descifrado de paquetes SOAP** y **WSDL Disclosure** para descubrir ficheros *.wsdl* de servicios web no públicos.

- **Ataques al control de acceso**. El objetivo es realizar acciones en el servicio web sin disponer de la autorización necesaria. Un ejemplo de este ataque es **SOAPaction *spoofing***.

Recurso [ENG]

Lista de comprobación para la seguridad de servicios web del OWASP:
https://www.owasp.org/index.php/Web_Service_Security_Cheat_Sheet
Lista de principales ataques dirigidos contra servicios web elaborada por WS-Attacks.
org: https://www.ws-attacks.org/Main_Page

Además de todos estos ataques específicos, un ciberdelincuente puede dirigir su ataque a cualquier punto que conforma todo el sistema, basta una pequeña brecha de seguridad en un lugar recóndito del código fuente para poder acceder a un sistema considerado seguro. Por ejemplo, el servicio web puede ser completamente seguro, pero si el servidor sobre el que se ejecuta está desactualizado, puede contener agujeros de seguridad que comprometen el sistema completamente. Un libro muy recomendado para adquirir las nociones de seguridad en los sistemas informáticos en general, incluida la seguridad de las aplicaciones web es *Hacking ético*, de José L. Berenguel y Pablo Esteban. Asimismo, la Academia de Seguridad Web de PortSwigger dispone de una gran cantidad de laboratorios prácticos gratuitos para aprender sobre las principales vulnerabilidades en las aplicaciones web.

Recursos

Libro *Hacking ético:* https://www.paraninfo.es/catalogo/9788428362672/hacking-etico
Academia de Seguridad Web de PortSwigger.: https://portswigger.net/web-security/

1.4. Implementación de arquitecturas orientadas a servicios mediante tecnologías web

Esta sección presenta las tecnologías, protocolos, estándares, recomendaciones y herramientas más utilizadas en el diseño y la implementación de arquitecturas orientadas a servicios. Es imposible abordar una explicación en profundidad del funcionamiento y las características de todas ellas, sin embargo, el lector encontrará aquí una revisión bastante actual de las mismas.

Comenzaremos explicando las dos especificaciones principales que existen para crear servicios web (**SOAP** y **REST**), después se detallarán los lenguajes de definición de servicios (**WSDL, WADL, RAML, Open API Specification** y **API Blueprint**) y se finalizará revisando los estándares de seguridad en servicios web (**WS-Security, SAML** y **XACML**).

1.4.1. Especificaciones de servicios web de uso común: SOAP y REST

Los dos principales tipos de servicios web que se implementan hoy en día se fundamentan en dos tecnologías diferentes: **SOAP** y **REST**. Por ello, es frecuente en la bibliografía encontrar referencias a **servicios web basados en REST** o **servicios web basados en SOAP**.

Estas dos aproximaciones son completamente distintas. Mientras que SOAP es una especificación del W3C que se basa en el intercambio de mensajes en XML para la comunicación entre el cliente y el servicio web, REST es un modelo de arquitectura que ofrece pautas para implementar servicios web sobre las peticiones del protocolo HTTP y que considera los recursos en las URL accesibles por los clientes.

A continuación, en esta sección se detallan más en profundidad las características de estas dos aproximaciones para la implementación de servicios web.

SOAP

SOAP es una recomendación del W3C que se utiliza en los servicios web para la comunicación entre el cliente y el servidor. La comunicación se realiza mediante mensajes basados en XML sobre alguno de los protocolos de la capa de aplicación, el más común es HTTP, pero puede usarse cualquier otro (SMTP, FTP...), a esto se denomina **binding del protocolo**.

El nombre de SOAP surgió del acrónimo de **Simple Object Access Protocol**, pero a partir de la versión 1.2 se considera que ya no hace referencia alguna a este significado. La 1.2 es la última versión del protocolo, propuesta en 2007.

Recurso [ENG]
Documentos del W3C de SOAP 1.1 y SOAP 1.2.
https://www.w3.org/TR/soap/

Los elementos centrales del protocolo para crear un mensaje SOAP son los siguientes:

- **Envelope**. Es el elemento raíz del documento XML que lo identifica como un mensaje SOAP.

- **Header**. La cabecera es opcional y puede contener cero o más bloques, llamados **header block**, que pueden contener información de control o procesamiento para que el mensaje pueda ser tratado por los nodos a los que va destinado.

En cierto modo, esta es una manera de extender la funcionalidad del protocolo.

- **Body**. Este elemento es obligatorio y contiene la información que se desea transmitir al receptor.

- **Fault**. Contiene información explicativa de los errores que hayan podido ocurrir.

El siguiente bloque de código extraído de la especificación del W3C muestra cómo podría ser un mensaje SOAP 1.2 en una aplicación de reservas de viajes.

```xml
<?xml version='1.0' ?>
<env:Envelope xmlns:env="http://www.w3.org/2003/05/soap-envelope">
<env:Header>
 <m:reservation xmlns:m="http://travelcompany.example.org/reservation"
     env:role="http://www.w3.org/2003/05/soap-envelope/role/next"
     env:mustUnderstand="true">
  <m:reference>uuid:093a2da1-q345-739r-ba5d-pqff98fe8j7d</m:reference>
  <m:dateAndTime>2001-11-29T13:20:00.000-05:00</m:dateAndTime>
 </m:reservation>
 <n:passenger xmlns:n="http://mycompany.example.com/employees"
     env:role="http://www.w3.org/2003/05/soap-envelope/role/next"
     env:mustUnderstand="true">
  <n:name>Åke Jógvan Øyvind</n:name>
 </n:passenger>
</env:Header>
<env:Body>
 <p:itinerary
  xmlns:p="http://travelcompany.example.org/reservation/travel">
 <p:departure>
  <p:departing>New York</p:departing>
  <p:arriving>Los Angeles</p:arriving>
  <p:departureDate>2001-12-14</p:departureDate>
  <p:departureTime>late afternoon</p:departureTime>
  <p:seatPreference>aisle</p:seatPreference>
 </p:departure>
 <p:return>
  <p:departing>Los Angeles</p:departing>
  <p:arriving>New York</p:arriving>
  <p:departureDate>2001-12-20</p:departureDate>
  <p:departureTime>mid-morning</p:departureTime>
```

Continúa en la página siguiente

```
  <p:seatPreference/>
 </p:return>
</p:itinerary>
<q:lodging
 xmlns:q="http://travelcompany.example.org/reservation/hotels">
 <q:preference>none</q:preference>
</q:lodging>
</env:Body>
</env:Envelope>
```

Los elementos contenidos en el interior de **header** y **body** están definidos por la aplicación en su propio **XML Schema**. La cabecera contiene dos bloques, la etiqueta **reservation** con información de la reversa como un identificador, la fecha y hora de la reserva, y la etiqueta **passenger** con datos del pasajero, en este ejemplo, su nombre. El cuerpo del mensaje contiene los datos del itinerario en el elemento **itinerary**, que contiene la información de ida en el bloque **departure** e información de la vuelta del viaje en el bloque **return**.

El siguiente bloque de código muestra el mensaje SOAP de respuesta.

```
<?xml version='1.0' ?>
<env:Envelope xmlns:env="http://www.w3.org/2003/05/soap-envelope">
<env:Header>
 <m:reservation xmlns:m="http://travelcompany.example.org/reservation"
   env:role="http://www.w3.org/2003/05/soap-envelope/role/next"
      env:mustUnderstand="true">
  <m:reference>uuid:093a2da1-q345-739r-ba5d-pqff98fe8j7d</m:reference>
  <m:dateAndTime>2001-11-29T13:35:00.000-05:00</m:dateAndTime>
 </m:reservation>
 <n:passenger xmlns:n="http://mycompany.example.com/employees"
   env:role="http://www.w3.org/2003/05/soap-envelope/role/next"
      env:mustUnderstand="true">
  <n:name>Åke Jógvan Øyvind</n:name>
 </n:passenger>
</env:Header>
<env:Body>
<p:itineraryClarification
  xmlns:p="http://travelcompany.example.org/reservation/travel">
 <p:departure>
```

Continúa en la página siguiente

```
      <p:departing>
       <p:airportChoices>
        JFK LGA EWR
       </p:airportChoices>
      </p:departing>
     </p:departure>
     <p:return>
      <p:arriving>
       <p:airportChoices>
        JFK LGA EWR
       </p:airportChoices>
      </p:arriving>
     </p:return>
    </p:itineraryClarification>
   </env:Body>
  </env:Envelope>
```

La respuesta que envía el servidor consiste en una aclaración para que el cliente indique cuál de los aeropuertos de la ciudad de New York se va a utilizar, ofreciendo las tres posibilidades, tanto para la ida como para la vuelta.

Por suerte para el programador, no es necesario escribir manualmente los documentos XML con las peticiones SOAP, sino que las librerías y/o *frameworks* que utilicemos para implementar estos servicios web lo harán de forma automática y transparente.

REST (*REpresentational State Transfer*)

A diferencia de SOAP, REST no es un estándar, sino una guía de diseño para arquitecturas orientadas a servicios donde estos se consideran recursos y donde la comunicación entre cliente y servidor no tiene estado (**stateless**). La propuesta de diseño REST establece una serie de condiciones o restricciones que deben cumplirse para considerar que el sistema cumple con la guía de diseño, se dice entonces que el sistema es **RESTful**.

REST fue propuesto por Roy Fielding en su tesis doctoral *Architectural Styles and Design of Network-based Software Architectures*, en el año 2000. Roy participó junto a Tim Berners Lee en el diseño del protocolo HTTP 1.0, también fue partícipe del desarrollo de los estándares del protocolo HTTP 1.1 y del formato

URI (**Uniform Resource Identifiers**), siendo además el creador del servidor web **httpd** de Apache, uno de los más usados hoy en día.

Lectura recomendada [ENG]

Tesis doctoral de Roy T. Fielding *Architectural Styles and Design of Network-based Software Architectures,* donde propone los servicios web REST.
http://www.ics.uci.edu/~fielding/pubs/dissertation/top.htm

REST propone una **arquitectura mucho más simple que los servicios web basados en SOAP** u otros mecanismos como RPC, CORBA, RMI, etc. Para ello, las aplicaciones RESTful emplean los métodos del protocolo HTTP para comunicarse con el servicio web. En cierto modo, puede considerarse la web (WWW) como una arquitectura basada en REST, ya que su funcionamiento es similar. REST no define cómo debe representarse la información, puede estar en formato XML, si bien en la mayoría de las ocasiones se suele emplear la **notación JSON**.

REST no ofrece ningún tipo de seguridad, como tampoco lo hace HTTP, esta debe conseguirse utilizando tecnologías sobre el protocolo HTTP como HTTPS, etc. **Un buen diseño REST no utiliza *cookies,*** ya que toda la información de estado debe transferirse en la petición que el cliente realiza al servidor.

Para ejemplificar el funcionamiento de REST, supondremos que tenemos disponible un servicio web de una agenda telefónica y que queremos consultar el teléfono de un usuario para lo cual se requiere el identificador del mismo, la petición para obtener este recurso sería similar al siguiente código:

```
https://www.ejemplorest.es/agendatelefonica/usuarios/1
```

Como se está realizando una petición o consulta, el método HTTP apropiado para ello es **GET**. El servicio devolverá los datos de la agenda correspondientes a este usuario en un formato determinado como puede ser JSON, XML o algún otro. Observe que podría ser necesario añadir más información en la petición, como por ejemplo los datos de autenticación del cliente, para lo cual dicha información debería añadirse a la petición. Una de las formas de hacerlo es mediante la cabecera de petición ***Authorization***, junto con un *token* de autenticación, por ejemplo, de tipo **JWT** (***JSON Web Token***) cuyo funcionamiento está definido en el RFC 7519. La notación que debe emplearse en la construcción de las URI es utilizando sustantivos (***usuarios/***) en lugar de verbos (***obtenerusuario/***), ya que refleja mejor la noción de recurso. La Tabla 1 muestra cómo se emplearían los métodos HTTP sobre los recursos definidos en el ejemplo de la agenda telefónica.

Tabla 1. Recursos en el servicio REST de ejemplo de agenda telefónica y funcionamiento de los métodos HTTP sobre el mismo

Ejemplo de recursos REST		
Método HTTP	**URI**	
	⁄usuarios⁄	*⁄usuarios⁄id*
GET	Devuelve el listado completo de usuarios de la agenda telefónica. En lugar de devolver los identificadores, un diseño RESTful devolvería las URI de cada uno de estos usuarios.	Devuelve la información del usuario de la agenda telefónica identificado en la URI.
POST	Añade un nuevo usuario. Los datos del mismo irán en el cuerpo de la petición.	A veces se emplea también para modificar los datos (PUT), aunque sería un error de diseño.
PUT	Reemplaza la lista de usuarios con otra completamente nueva enviada en el cuerpo de la petición.	Reemplaza este usuario por uno nuevo enviado en la petición.
DELETE	Elimina todos los usuarios de la agenda.	Elimina este usuario de la agenda.

Para considerar que un servicio REST sigue la guía de diseño, es decir, es un servicio **RESTful**, debe respetar las siguientes restricciones:

- **Cliente-servidor**. El diseño debe seguir una arquitectura cliente-servidor de modo que permita desarrollar ambas partes de manera independiente y favorezca la portabilidad y el uso de múltiples plataformas.

- **Sin estado**. El servidor no debe mantener ninguna información de conexiones previas, es el cliente el que debe añadir a la petición toda la información necesaria para que la petición pueda ser procesada. Con esta restricción se facilita la implementación de los servidores y se mejora la escalabilidad a costa de incrementar el tráfico de red necesario.

- *Cacheable*. Esto significa que se pueden emplear sistemas de caché en el cliente de modo que aquellos datos que sean considerados como *cacheables* se puedan reutilizar, evitando repetir la petición de los mismos al servidor.

- **Interfaz uniforme**. El diseño de una interfaz uniforme permite a los servicios REST evolucionar de manera independiente. Esta restricción se desglosa en cuatro:

  - **Identificación de recursos**. Los recursos se identifican de manera única a través de direcciones URI. Además, los recursos son independientes de su representación.

- **Manipulación de los recursos a través de su representación**. La representación de los datos de un recurso es información suficiente para que el cliente pueda realizar acciones sobre el mismo como eliminarlo o modificarlo.

- **Mensajes autodescriptivos**. Los mensajes contienen toda la información necesaria para ser procesados sin que sean necesarias más acciones.

- **Hipermedia como motor del estado de la aplicación**. Es una de las características más diferenciadoras de REST con respecto a otras arquitecturas de servicios en las que el cliente interactúa con la aplicación a través de los hipermedia que el servidor le devuelve, por lo que no necesita un conocimiento previo del funcionamiento del servicio.

- **Sistema en capas**. El sistema puede estar compuesto por numerosas capas de modo que el cliente no sepa si está interactuando con una capa final o una intermedia. Esta restricción facilita la escalabilidad y permite establecer políticas de seguridad y otros elementos.

- **Código bajo demanda** (opcional). Es una restricción opcional, por tanto, podría no considerarse una restricción, pero la incluimos aquí, puesto que así aparece en la tesis de Fielding. El objetivo sería extender la funcionalidad de los clientes mediante la descarga de código desde el servidor, ya sea en forma de *scripts*, *applets*, etcétera.

El **modelo de madurez de Richardson** (*Richardson Maturity Model*, RMM), escrito por Leonard Richardson en 2008, establece cuatro niveles para evaluar la madurez de un servicio REST y alcanzar un diseño completamente RESTful. Los factores que se evalúan son las URI, los métodos HTTP y los hipermedia.

Recurso [ENG]

Cómo diseñar servicios RESTful, escrito por Todd Fredrich. http://www.restapitutorial.com/

Richardson Maturity Model (RMM), escrito por Lokesh Gupta. https://restfulapi.net/richardson-maturity-model/

1.4.2. Lenguajes de definición de servicios: el estándar WSDL, WADL, RAML, Open API Specification y API Blueprint

Los lenguajes de definición de servicio web **tienen por objeto establecer un contrato del funcionamiento del servicio, de modo que los clientes puedan descubrirlo y comunicarse con él**. Una utilidad de esto es que se pueden crear, y existen, herramientas que pueden generar código a partir de la definición de un servicio web, por ejemplo, generar el código de un cliente en un determinado lenguaje que se comunique con el servicio web (véase el subepígrafe 2.1.2. Generación automática de servicios).

A continuación en esta sección se describirán los lenguajes más extendidos para definir un servicio web, tanto si tienen una estructura SOAP (basado en mensajes) o REST (basado en recursos).

El estándar WSDL

Un documento **WSDL (Web Services Description Language)** permite describir la interfaz de un servicio web empleando el lenguaje XML. La versión 2.0 es una recomendación del W3C desde el 2007 y se considera que es más fácil de usar y tiene mejor soporte para servicios web RESTful, aunque la versión 1.1 de 2001 puede encontrarse también en algún servicio.

La Ilustración 3 muestra las diferencias existentes en la estructura del documento WSDL entre las versiones 1.1 y 2.0. Los elementos de la sección abstracta (*abstract section*) definen las características del servicio web como el nombre de la operación o los tipos de datos de entrada y salida, mientras que la sección concreta (*concrete section*) se usa para definir el tipo de protocolo de comunicación o el formato de mensaje que usa el servicio web.

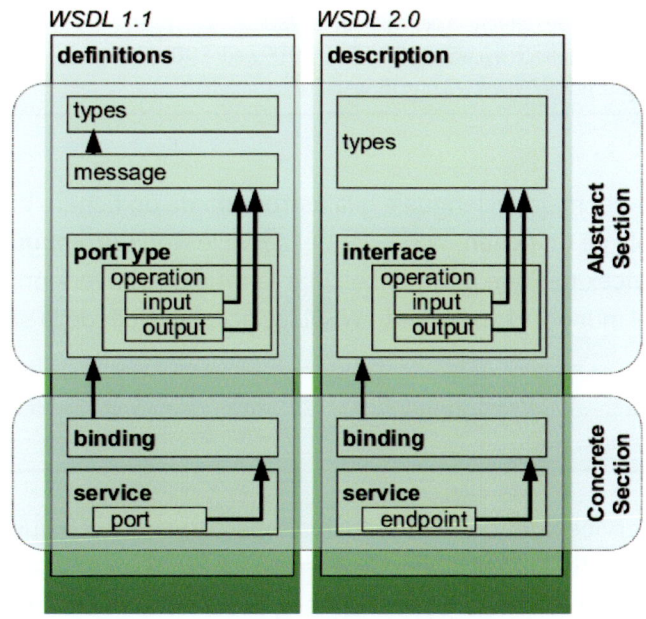

Ilustración 3. Diferencias entre WSDL 1.1 y WSDL 2.0.
Fuente: https://commons.wikimedia.org/wiki/File:WSDL_11vs20.png

A continuación se explica el significado de cada una estas secciones:

- ***definitions – description***: es el elemento raíz del documento WSDL.

- ***types***: define los tipos de datos usados por el servicio web. Aunque se puede emplear cualquier tipo de lenguaje para definir los tipos, se recomienda usar **XML Schema** (XSD). Por ejemplo, el WS-I establece el uso de XML Schema en su *Basic Profile* 1.0 (véase el apartado 1.2. Modelo conceptual de las arquitecturas orientadas a servicios).

- ***message***: define los datos (***types***) que están involucrados en una determinada operación. Esta sección no existe en WSDL 2.0.

- ***portType – interface***: define el servicio web, las operaciones que puede realizar y los mensajes (***message***) necesarios para poder llevar a cabo dichas operaciones. En la versión 2.0, el elemento ***portType*** se renombró a ***interface***.

- ***binding***: define el protocolo concreto y el formato de los datos para un ***portType/interface***.

- ***service***: define el conjunto de funciones que han sido expuestas en el servicio web. Los elementos ***port*** y ***endpoint*** establecen la dirección concreta para acceder al servicio web, típicamente una dirección URL.

Recurso [ENG]
Documentos de referencia del W3C sobre WSDL.
WSDL 1.1: https://www.w3.org/TR/2001/NOTE-wsdl-20010315
WSDL 2.0: https://www.w3.org/TR/wsdl20/

Para comprender mejor el lenguaje y la estructura de un fichero WSDL, se analiza un ejemplo de un fichero WSDL 1.1 del servicio web ***CurrencyConvertor*** del sitio webservicex.net que permite calcular la ratio de conversión entre monedas de todo el mundo. El documento WSDL es accesible desde la siguiente URL:

```
https://web.archive.org/web/20080309033948/http://www.webservicex.net/curren-
cyconvertor.asmx?WSDL
```

El sitio webservicex.net contenía muchísimos servicios web que podían emplearse libremente. Lamentablemente, cerró en 2020, pero gracias a la labor de recopilación de archive.org podemos seguir consultando la información que contenía, si bien el servicio web no se podrá emplear.

El contenido del documento WSDL nos servirá para comprender mejor su estructura y funcionamiento. En primer lugar, la sección **types** define los tipos de datos que maneja el servicio web; nos encontramos los siguientes:

- **ConversionRate**. Este tipo consta de dos elementos (es un tipo compuesto o complejo **complexType**) que deben aparecer obligatoriamente, **FromCurrency** y **ToCurrency**, del tipo **Currency** (definido a continuación en el fichero).

- **Currency**. Este tipo define cada una de las monedas disponibles para la conversión como una enumeración en la que cada elemento es de tipo **string**. Las monedas disponibles se identifican por una cadena de tres caracteres en mayúscula. Por ejemplo, el euro se identifica como EUR y los dólares americanos como USD.

- **ConversionRateResponse**. Es el tipo empleado en la respuesta del servicio web, un valor de tipo **double**.

El código siguiente muestra la sección **types** del documento WSDL. El elemento **Currency** se ha resumido eliminando la mayor parte de los valores para las monedas, ya que es redundante.

```
<wsdl:types>
  <s:schema elementFormDefault="qualified" targetNamespace="http://www.webservi-
ceX.NET/">
    <s:element name="ConversionRate">
     <s:complexType>
      <s:sequence>
       <s:element minOccurs="1" maxOccurs="1" name="FromCurrency"
type="tns:Currency"/>
       <s:element minOccurs="1" maxOccurs="1" name="ToCurrency"
type="tns:Currency"/>
      </s:sequence>
     </s:complexType>
    </s:element>
    <s:simpleType name="Currency">
     <s:restriction base="s:string">
      <s:enumeration value="AFA"/>
      <s:enumeration value="ALL"/>
        ...
      <s:enumeration value="ZWD"/>
      <s:enumeration value="TRY"/>
     </s:restriction>
    </s:simpleType>
    <s:element name="ConversionRateResponse">
     <s:complexType>
      <s:sequence>
```

Continúa en la página siguiente

```
        <s:element minOccurs="1" maxOccurs="1" name="ConversionRateResult"
type="s:double"/>
        </s:sequence>
      </s:complexType>
    </s:element>
    <s:element name="double" type="s:double"/>
  </s:schema>
</wsdl:types>
```

En segundo lugar encontramos la sección **message**. Podemos observar que en ella se definen los mensajes utilizados en función de los diferentes protocolos de los que dispone el servicio web: SOAP, HTTP GET y HTTP POST. Los mensajes se dividen en mensajes de entrada, es decir, los que se envían al servicio web, y mensajes de salida, los que envía el servicio web al cliente. Los mensajes que encontramos en el fichero WSDL son:

- Para el protocolo SOAP:

  — **ConversionRateSoapIn**. Este mensaje utiliza como parámetro el tipo **ConversionRate**.

  — **ConversionRateSoapOut**. Este mensaje utiliza como parámetro el tipo **ConversionRateResponse**.

- Para el protocolo HTTP GET:

  — **ConversionRateHttpGetIn**. Este mensaje tiene dos parámetros: **FromCurrency** y **ToCurrency** de tipo **string**.

  — **ConversionRateHttpGetOut**. Este mensaje tiene un único parámetro de tipo **double**.

- Para el protocolo HTTP POST:

  — **ConversionRateHttpPostIn**. Es idéntico a **ConversionRateHttpGetIn**.

  — **ConversionRateHttpPostOut**. Es idéntico a **ConversionRateHttpGetOut**.

El siguiente cuadro de código muestra la sección **message** del documento WSDL.

```
<wsdl:message name="ConversionRateSoapIn">
  <wsdl:part name="parameters" element="tns:ConversionRate"/>
</wsdl:message>
<wsdl:message name="ConversionRateSoapOut">
  <wsdl:part name="parameters" element="tns:ConversionRateResponse"/>
</wsdl:message>
<wsdl:message name="ConversionRateHttpGetIn">
  <wsdl:part name="FromCurrency" type="s:string"/>
```

Continúa en la página siguiente

```
    <wsdl:part name="ToCurrency" type="s:string"/>
  </wsdl:message>
  <wsdl:message name="ConversionRateHttpGetOut">
    <wsdl:part name="Body" element="tns:double"/>
  </wsdl:message>
  <wsdl:message name="ConversionRateHttpPostIn">
    <wsdl:part name="FromCurrency" type="s:string"/>
    <wsdl:part name="ToCurrency" type="s:string"/>
  </wsdl:message>
  <wsdl:message name="ConversionRateHttpPostOut">
    <wsdl:part name="Body" element="tns:double"/>
  </wsdl:message>
```

La siguiente sección del fichero WSDL es **portType**, donde se definen las operaciones del servicio web. Dispone de tres elementos **portType**, uno por cada protocolo disponible, y cada uno de ellos con una única operación llamada **ConversionRate**. Esto significa que el servicio web tiene una operación (función) con unos datos de entrada definidos en los mensajes de entrada y un dato de retorno definido en los mensajes de salida.

- **CurrencyConvertorSoap**. La operación **ConversionRate** utiliza como mensaje de entrada **ConversionRateSoapIn**, y como mensaje de salida, **ConversionRateSoapOut**.

- **CurrencyConvertorHttpGet**. La operación **ConversionRate** utiliza como mensaje de entrada **ConversionRateHttpGetIn**, y como mensaje de salida, **ConversionRateHttpGetOut**.

- **CurrencyConvertorHttpPost**. La operación **ConversionRate** utiliza como mensaje de entrada **ConversionRateHttpPostIn**, y como mensaje de salida, **ConversionRateHttpPostOut**.

El siguiente cuadro de código muestra el contenido de la sección **portType** del fichero WSDL. Se han eliminado los elementos *<wsdl:documentation>* por simplicidad.

```
<wsdl:portType name="CurrencyConvertorSoap">
  <wsdl:operation name="ConversionRate">
    <wsdl:input message="tns:ConversionRateSoapIn"/>
    <wsdl:output message="tns:ConversionRateSoapOut"/>
  </wsdl:operation>
</wsdl:portType>
<wsdl:portType name="CurrencyConvertorHttpGet">
  <wsdl:operation name="ConversionRate">
    <wsdl:input message="tns:ConversionRateHttpGetIn"/>
    <wsdl:output message="tns:ConversionRateHttpGetOut"/>
```

Continúa en la página siguiente

```
    </wsdl:operation>
  </wsdl:portType>
  <wsdl:portType name="CurrencyConvertorHttpPost">
    <wsdl:operation name="ConversionRate">
      <wsdl:input message="tns:ConversionRateHttpPostIn"/>
      <wsdl:output message="tns:ConversionRateHttpPostOut"/>
    </wsdl:operation>
  </wsdl:portType>
```

La siguiente sección del fichero WSDL es **binding**, donde se asocian la funcionalidad del servicio web con el protocolo de transporte y de datos utilizado. El servicio web dispone de cuatro posibles formas de comunicación: SOAP 1.1, SOAP 1.2, HTTP GET y HTTP POST definidos en cuatro elementos *binding*:

- **CurrencyConvertorSoap**. Define la comunicación con el servicio web empleando el protocolo SOAP 1.1.

- **CurrencyConvertorSoap12**. Define la comunicación con el servicio web empleando el protocolo SOAP 1.2.

- **CurrencyConvertorHttpGet**. Define la comunicación con el servicio web empleando el protocolo HTTP GET.

- **CurrencyConvertorHttpPost**. Define la comunicación con el servicio web empleando el protocolo HTTP POST.

El siguiente cuadro muestra el código de esta sección. Se puede observar cómo los elementos XML son diferentes según el tipo de **binding** que se esté definiendo.

```
<wsdl:binding name="CurrencyConvertorSoap" type="tns:CurrencyConvertorSoap">
  <soap:binding transport="http://schemas.xmlsoap.org/soap/http"/>
  <wsdl:operation name="ConversionRate">
    <soap:operation soapAction="http://www.webserviceX.NET/ConversionRate"
style="document"/>
    <wsdl:input>
      <soap:body use="literal"/>
    </wsdl:input>
    <wsdl:output>
      <soap:body use="literal"/>
    </wsdl:output>
  </wsdl:operation>
</wsdl:binding>
<wsdl:binding name="CurrencyConvertorSoap12" type="tns:CurrencyConvertorSoap">
  <soap12:binding transport="http://schemas.xmlsoap.org/soap/http"/>
  <wsdl:operation name="ConversionRate">
```

Continúa en la página siguiente

```
      <soap12:operation soapAction="http://www.webserviceX.NET/ConversionRate"
style="document"/>
      <wsdl:input>
        <soap12:body use="literal"/>
      </wsdl:input>
      <wsdl:output>
        <soap12:body use="literal"/>
      </wsdl:output>
    </wsdl:operation>
  </wsdl:binding>
  <wsdl:binding name="CurrencyConvertorHttpGet" type="tns:CurrencyConvertorHttpGet">
    <http:binding verb="GET"/>
    <wsdl:operation name="ConversionRate">
      <http:operation location="/ConversionRate"/>
      <wsdl:input>
        <http:urlEncoded/>
      </wsdl:input>
      <wsdl:output>
        <mime:mimeXml part="Body"/>
      </wsdl:output>
    </wsdl:operation>
  </wsdl:binding>
  <wsdl:binding name="CurrencyConvertorHttpPost" type="tns:CurrencyConvertorHttpPost">
    <http:binding verb="POST"/>
    <wsdl:operation name="ConversionRate">
      <http:operation location="/ConversionRate"/>
      <wsdl:input>
        <mime:content type="application/x-www-form-urlencoded"/>
      </wsdl:input>
      <wsdl:output>
        <mime:mimeXml part="Body"/>
      </wsdl:output>
    </wsdl:operation>
  </wsdl:binding>
```

Por último, se describe la sección **service** que establece la URL a través del elemento **port** de XML, donde se accede al servicio web utilizando los **binding** definidos en el elemento anterior. Como puede observarse en el bloque de código siguiente, se utiliza la misma URL para todos los **binding**.

```
<wsdl:service name="CurrencyConvertor">
  <wsdl:port name="CurrencyConvertorSoap" binding="tns:CurrencyConvertorSoap">
    <soap:address location="http://www.webservicex.net/CurrencyConvertor.asmx"/>
  </wsdl:port>
  <wsdl:port name="CurrencyConvertorSoap12" binding="tns:CurrencyConvertorSoap12">
```

Continúa en la página siguiente

```
        <soap12:address location="http://www.webservicex.net/CurrencyConvertor.asmx"/>
      </wsdl:port>
      <wsdl:port name="CurrencyConvertorHttpGet" binding="tns:CurrencyConvertorHttpGet">
        <http:address location="http://www.webservicex.net/CurrencyConvertor.asmx"/>
      </wsdl:port>
      <wsdl:port name="CurrencyConvertorHttpPost" binding="tns:CurrencyConvertorHttpPost">
        <http:address location="http://www.webservicex.net/CurrencyConvertor.asmx"/>
      </wsdl:port>
  </wsdl:service>
```

Si queremos ver un ejemplo de documento WSDL 2.0, podemos utilizar la herramienta de conversión del W3C sobre el fichero descrito anteriormente y obtener la versión 2.0 del mismo.

Recurso

Herramienta de conversión de documentos WSDL 1.1 a WSDL 2.0 del W3C.
https://www.w3.org/2006/02/WSDLConvert.html

El lenguaje WADL

Web Application Description Language (WADL) es un lenguaje basado en XML para la descripción de servicios web HTTP. Fue desarrollado por Sun Microsystems y remitido al W3C en 2009. Desde entonces, la especificación no ha tenido ningún cambio y no hay planes para que se convierta en estándar.

WADL es un lenguaje independiente de la implementación, como lo es WSDL, pero en la práctica está más ligado a los servicios web basados en REST.

El siguiente bloque de código muestra un ejemplo de fichero WADL tomado de la especificación del lenguaje que describe un servicio web de la aplicación de búsqueda de Yahoo Noticias.

```
<?xml version="1.0"?>
<application xmlns:xsi="http://www.w3.org/2001/XMLSchema-instance"
  xsi:schemaLocation="http://wadl.dev.java.net/2009/02 wadl.xsd"
  xmlns:tns="urn:yahoo:yn"
  xmlns:xsd="http://www.w3.org/2001/XMLSchema"
  xmlns:yn="urn:yahoo:yn"
  xmlns:ya="urn:yahoo:api"
  xmlns="http://wadl.dev.java.net/2009/02">
  <grammars>
    <include
```

Continúa en la página siguiente

```
    href="NewsSearchResponse.xsd"/>
  <include
    href="Error.xsd"/>
</grammars>

<resources base="http://api.search.yahoo.com/NewsSearchService/V1/">
 <resource path="newSearch">
  <method name="GET" id="search">
   <request>
    <param name="appid" type="xsd:string"
     style="query" required="true"/>
    <param name="query" type="xsd:string"
     style="query" required="true"/>
    <param name="type" style="query" default="all">
     <option value="all"/>
     <option value="any"/>
     <option value="phrase"/>
    </param>
    <param name="results" style="query" type="xsd:int" default="10"/>
    <param name="start" style="query" type="xsd:int" default="1"/>
    <param name="sort" style="query" default="rank">
     <option value="rank"/>
     <option value="date"/>
    </param>
    <param name="language" style="query" type="xsd:string"/>
   </request>
   <response status="200">
    <representation mediaType="application/xml"
     element="yn:ResultSet"/>
   </response>
   <response status="400">
    <representation mediaType="application/xml"
     element="ya:Error"/>
   </response>
  </method>
 </resource>
</resources>
</application>
```

La etiqueta **application** es el elemento raíz del documento WADL, en ella se describen los espacios de nombres XML usados en el fichero. La etiqueta **grammar** define la gramática XML (XML *Schema*) usada por el servicio, en el caso del ejemplo son dos. La etiqueta **resources** contiene la descripción de los recursos del servicio web y la ruta para acceder al mismo en el atributo **path**. Cada recurso se define en un elemento **resource**, en el ejemplo **newsSearch**, que contiene una operación, el método GET **search**. La etiqueta **request** define los parámetros de entrada de este método en elementos **param**, y la etiqueta **response,** las posibles valores que puede devolver.

Recurso [ENG]

«What is WADL?», artículo que describe los elementos del lenguaje y las diferencias con WSDL.
https://www.wallarm.com/what/what-is-wadl

El lenguaje RAML

RESTful API Modeling Language (RAML) es un lenguaje para describir y modelar API RESTful o prácticamente RESTful, ya que es posible diseñar API que no cumplen todas las restricciones que impone la arquitectura REST. Para describir el servicio REST se usa el lenguaje YAML (*YAML Ain't Markup Language*), una especificación para definir datos fácilmente entendibles por las personas.

Recurso [ENG]

Web del proyecto RAML, con multitud de herramientas, proyectos y toda la documentación del lenguaje.
http://raml.org

La especificación de RAML fue propuesta en 2013 por un grupo de líderes de tecnología compuesto por Uri Sarid (CTO de MuleSoft), Misko Hevery (Fundador de AngularJS) y otros líderes de empresas como Intuit, Airware, ProgrammableWeb & API Science, Akana Software, Cisco y VMWare.

La versión 1.0 de la especificación es la más reciente y se aconseja actualizar las API desarrolladas en la versión anterior, la 0.8.

El siguiente bloque de código muestra un fichero RAML para un servicio REST que devuelve el mensaje «Hello World» tomado de los ejemplos de código ofrecidos en la página de GitHub de RAML.

```
#%RAML 1.0
title: Hello world # required title

/helloworld: # optional resource
  get: # HTTP method declaration
    responses: # declare a response
      200: # HTTP status code
        body: # declare content of response
```

Continúa en la página siguiente

```
application/json: # media type
type: | # structural definition of a response (schema or type)
  {
    "title": "Hello world Response",
    "type": "object",
    "properties": {
      "message": {
        "type": "string"
      }
    }
  }
example: # example how a response looks like
  {
    "message": "Hello world"
  }
```

La primera línea define la versión del lenguaje utilizada en este documento y en la segunda la propiedad *title*, que es obligatoria, define en una cadena de caracteres el título para la API. La línea */helloworld* define un recurso del servicio web y a continuación se definen los métodos HTTP soportados por este recurso, en este caso, este servicio solo soporta el **método GET**. La propiedad *responses* define las posibles respuestas de este recurso, en este ejemplo se define el código de estado **HTTP 200** y en el interior de la propiedad *body* se define la estructura de los datos que son devueltos en formato JSON. Como puede apreciarse, esta operación no requiere ningún parámetro de entrada. La propiedad *example* se puede usar como documentación y muestra un ejemplo de cómo son los datos devueltos por el servicio web.

Recurso [ENG]
Página en GitHub de RAML.
https://github.com/raml-org

RAML permite identificar y reusar patrones de recursos y métodos empleados por esos recursos, lo que facilita el diseño y permite la reutilización de código. Entre los elementos nuevos que ofrece la versión 1.0 están la posibilidad de definir tipos de datos de muy diversas maneras, mejoras de seguridad, uso de anotaciones y librerías. La herramienta **API Designer** de MuleSoft (https://github.com/mulesoft/api-designer) permite diseñar nuestra API con RAML en el navegador.

Open API Specification (OAS)

Open API Specification es una especificación para crear y describir API RESTful.
El desarrollo de la especificación la lleva a cabo la fundación **Open API Initiative**
(OAI) en el seno de la Linux Foundation. Entre los miembros fundadores de OAI
se encuentran Google, PayPal, IBM, Microsoft, Restlet y SmartBear.

La Open API Specification (OAS) está basada en **Swagger** que en enero de 2016
la cedió a la OAI para convertirla en un desarrollo totalmente abierto, implicando
a grandes empresas tecnológicas de modo que sirva de empuje para su creci-
miento y mejora. Por tanto, hay una clara diferencia entre OAS y Swagger: el primero contiene la especificación de la API, mientras que Swagger ofrece todas
las herramientas que implementan la especificación.

Swagger nació en 2010 como un proyecto en la empresa Reverb, llamada anteriormente Wordnik, con la intención de convertir las mejores partes de REST, SOAP
y RPC en un simple y único formato fácil de entender y usar. Swagger dispone de
un conjunto muy amplio de herramientas y utilidades para facilitar el desarrollo a
los programadores, como **Swagger Codegen** para generar código a partir de una
especificación OAS, **Swagger Editor** para diseñar la API y **Swagger UI** para visualizar la especificación de forma interactiva. Este ecosistema de herramientas no ha
sido cedido a la OAI, por lo que siguen perteneciendo a Swagger.

La descripción de un servicio con OAS se parece a RAML en cuanto a la notación empleada, ya que puede usarse YAML (y también JSON), pero hay bastantes diferencias en el fondo.

La especificación define dos tipos de campos (*field*). Estos pueden ser estáticos, con un nombre definido; o basados en patrones, cuyo nombre incluye una expresión regular. Los tipos de datos están basados en el esquema JSON. No se mostrarán en detalle todos los elementos de la especificación, ya que es bastante extensa, pero en los siguientes bloques de código extraídos de la especificación se puede ver cómo se define un recurso usando la notación JSON y YAML:

- Definición de un recurso con OAS en notación JSON:

```
{
  "/pets": {
    "get": {
      "description": "Returns all pets from the system that the user has access to",
      "produces": [
        "application/json"
      ],
      "responses": {
        "200": {
          "description": "A list of pets.",
          "schema": {
            "type": "array",
            "items": {
              "$ref": "#/definitions/pet"
            }
          }
        }
      }
    }
  }
}
```

- Definición de un recurso con OAS en notación YAML:

```
/pets:
  get:
    description: Returns all pets from the system that the user has access to
    produces:
    - application/json
    responses:
      '200':
        description: A list of pets.
```

Continúa en la página siguiente

```
schema:
  type: array
  items:
    $ref: '#/definitions/pet'
```

Como se puede observar en las líneas de código anteriores, el recurso **/pets** dispone del método GET que devuelve la lista completa de mascotas. La respuesta define que el tipo devuelto es un *array* de elementos **pet**, cuyo esquema se encuentra en el lugar indicado por **$ref**.

Recurso [ENG]

Especificación de Open API Specification.
https://github.com/OAI/OpenAPI-Specification

API Blueprint

Es otra de las API centradas en el diseño y descripción de servicios web basados en REST. Nacida en 2013, es una alternativa a RAML y Open API Specification con algo menos de soporte por parte de grandes empresas de la industria tecnológica. La web del proyecto ofrece un gran número de herramientas para diseñar la API, *plugin* para editores, librerías para diversos lenguajes, etc. La descripción del servicio web con API Blueprint se realiza a través de **Markdown** y **Markdown Syntax for Object Notation** (**MSON**), un lenguaje fácilmente legible, similar a YAML, pero que emplea las características de la notación Markdown.

Recurso [ENG]

Web oficial del proyecto API Blueprint.
https://apiblueprint.org/

1.4.3. Estándares de seguridad en servicios web: WS-Security, SAML y XACML

En el apartado 1.3. Aspectos de seguridad en arquitecturas orientadas a servicios, se introdujeron los principales aspectos de seguridad que deben tenerse en cuenta cuando se implementa una arquitectura orientada a servicio. Hay todo un ecosistema de tecnologías que, unidas a las ya estudiadas, logran los niveles de seguridad adecuados si se utilizan correctamente.

Lectura recomendada

Artículo del Marco de Desarrollo de la Junta de Andalucía (MADEJA) sobre nociones y conceptos de seguridad en servicios web y de los estándares recomendados para implementar servicios web seguros.
http://www.juntadeandalucia.es/servicios/madeja/contenido/recurso/211

A continuación, en esta sección se describen aquellos estándares y tecnologías recomendadas para implementar servicios web seguros, en particular se explicarán: el estándar **WS-Security**, el estándar **SAML** y el estándar **XACML**.

El estándar WS-Security

Los mensajes SOAP enviados en las comunicaciones de un servicio web carecen de seguridad. Esta seguridad se solventaba empleando un protocolo seguro en la capa de transporte como HTTPS (véase el subepígrafe 1.3.4. Seguridad en comunicaciones. Protocolos seguros) que permite el cifrado y la firma de los mensajes, así como la identificación de emisor y receptor.

Esta solución no es del todo suficiente, puesto que el protocolo utilizado en la comunicación del servicio web puede no ofrecer estos mecanismos de seguridad (no siempre se utiliza HTTP). Además, de esta manera la seguridad estaría limitada a comunicaciones en las que no intervinieran intermediarios o *proxys* en la red, es decir, se obtiene seguridad entre dos puntos (*point to point*), pero no se puede confiar en los nodos intermedios por los que transita el mensaje. WS-Security se creó para solucionar este problema, garantizando la seguridad de toda la comunicación entre el emisor y el receptor (*end to end*) sin que los nodos intermediarios puedan husmear el contenido del mensaje.

WS-Security (WSS) forma parte de los estándares propuestos por OASIS, la versión 1.0 fue publicada en 2004, mientras que la versión actual es la 1.1, publicada en 2006.

Recurso [ENG]

Comité técnico de OASIS sobre WS-Security (WSS).
https://www.oasis-open.org/committees/tc_home.php?wg_abbrev=wss

WS-Security define mecanismos para la autenticación, la integridad y la confidencialidad de un mensaje SOAP. No define qué protocolos o mecanismos concretos deben usarse, sino que provee un marco para poder utilizar diversos mecanismos y protocolos de identificación, firma y de cifrado en los mensajes

SOAP añadiendo cabeceras a este mensaje. La información que contenga la cabecera dependerá de los mecanismos utilizados. Por ejemplo, para la autenticación permite el uso de **usuario y contraseña**, **certificados X.509**, el protocolo **Kerberos** o el protocolo **SAML**; para la integridad del mensaje se pueden emplear firmas digitales mediante **XML Signature**, y la confidencialidad se puede conseguir por medio de **XML Encryption**.

XML Signature (**XML-Sig**) y **XML Encryption** (**XML-Enc**) son recomendaciones del W3C que definen cómo firmar digitalmente y cómo cifrar documentos XML, respectivamente.

Recurso [ENG]

Documentos del W3C sobre XML Signature y XML Encryption.
XML-Sig: https://www.w3.org/Signature/
XML-Enc: https://www.w3.org/Encryption/

Alrededor de WS-Security existe toda una serie de tecnologías que complementan y añaden funcionalidad a los servicios web. Sin ser exhaustivos, mencionaremos brevemente algunas de ellas:

- **WS-Addressing**. Provee un mecanismo de comunicación independiente del protocolo de la capa de transporte que emplee el servicio web.

- **WS-Policy**. Es una especificación que permite al servicio web definir sus políticas para darlas a conocer a los clientes del mismo.

- **WS-Trust**. Es una extensión de WS-Security que permite establecer relaciones de confianza entre los participantes del servicio web.

- **WS-Federation**. Esta especificación extiende los conceptos de WS-Trust para definir escenarios en los que existen diferentes federaciones de servicios en las que cada una de ellas se encarga de una funcionalidad diferente o diversa.

El estándar SAML

SAML (*Security Assertion Markup Language*) es un estándar propuesto por OASIS para el intercambio de datos de autenticación y autorización entre entidades conocidas como **proveedores de identidad** (*identity provider*) y **proveedores de servicios** (*service provider*). La última versión, publicada en 2005, es la 2.0. Actualmente, se encuentra en fase de trabajo la actualización del estándar a la versión 2.1.

Este protocolo y otros similares nacen de la necesidad de unificar los métodos y la información de autenticación de los usuarios. El problema es que un usuario que quiere acceder a un determinado servicio tiene que registrarse en él, introduciendo sus datos y creando una contraseña en el mismo. Cuantos más servicios se utilizan, las posibilidades de robo de datos se incrementan, bien porque no siempre las contraseñas utilizadas son lo suficientemente seguras, o bien porque los mecanismos de seguridad de los proveedores de servicios no son suficientes.

La solución a este problema pasa por que el usuario introduzca sus credenciales de acceso una única vez y que esto sirva para cualquier servicio al que quiera acceder, sin la necesidad de volver a introducir sus credenciales o tener que registrarse en el proveedor de servicios, es lo que se conoce como *Single Sign-On* (SSO).

Esto se consigue por medio de una **identidad federada** o *federated identity*. De este modo, un sistema no necesita almacenar los datos de un usuario o solicitarle los datos de autenticación, sino que utiliza los datos facilitados por una entidad que se encarga de ello y en la que se confía. Los protocolos más usados que implementan el concepto de identidades federadas son, además de **SAML**, **OpenID** y **OAuth**.

- **OpenID**: es un estándar promocionado por Microsoft, Facebook, Google, PayPal y Yahoo, entre otras compañías, para permitir a los usuarios autenticarse en un sistema a través de proveedores de identidad, llamados *relying party* (RP).

- **OAuth**: a diferencia de SAML y OpenID, es un protocolo que está orientado a la autorización de API a través de HTTP. La versión 2.0 está definida en el RFC 6749. Se puede utilizar **OpenID Connect** para conseguir autenticación de usuarios en este protocolo.

Todas estas tecnologías tienen sus ventajas e inconvenientes y en todas ellas se han encontrado vulnerabilidades de seguridad.

 Recurso [ENG]
Sitios de Internet con información de los protocolos basados en identidades federadas.
OpenID y OpenID Connect: http://openid.net/
OAuth: http://oauth.net/
SAML: https://wiki.oasis-open.org/security/

No es posible explicar el funcionamiento de todas estas tecnologías, por lo que nos centraremos en SAML que se fundamenta en cuatro elementos:

- **Aserciones** (**SAML Assertions**). Contiene la información de autenticación y autorización de un individuo.

- **Protocolos (SAML Protocols)**. Define cómo se transmiten las solicitudes de aserciones.

- **Enlaces (SAML Bindings)**. Define cómo se encapsulan los mensajes SAML en otros protocolos de comunicación como pueden ser SOAP, HTTP GET, HTTP POST, etcétera.

- **Perfiles (SAML Profiles)**. Los tres elementos anteriores se combinan para crear perfiles que soporten un determinado caso de uso. El perfil más importante es el **Web Browser SSO Profile**, entre muchos otros.

Lectura recomendada

Proyecto Fin de Carrera de Álvaro Soto titulado *Configuración de una infraestructura basada en SAML para el acceso seguro a una federación de sistemas,* presentado en la Universidad de Sevilla en noviembre de 2005.
https://biblus.us.es/bibing/proyectos/abreproy/11147

La Ilustración 4 muestra un esquema de cómo funciona SAML, donde un usuario intenta autenticarse en un proveedor de servicios. La autorización se lleva a cabo a través del **proveedor de identidad** en el que el usuario tiene sus datos almacenados y se encuentra autenticado mediante **Single Sign-On** (SSO). Una vez que el **proveedor de servicios** a obtenido la información del proveedor de identidad, este concede el acceso al recurso solicitado por el usuario.

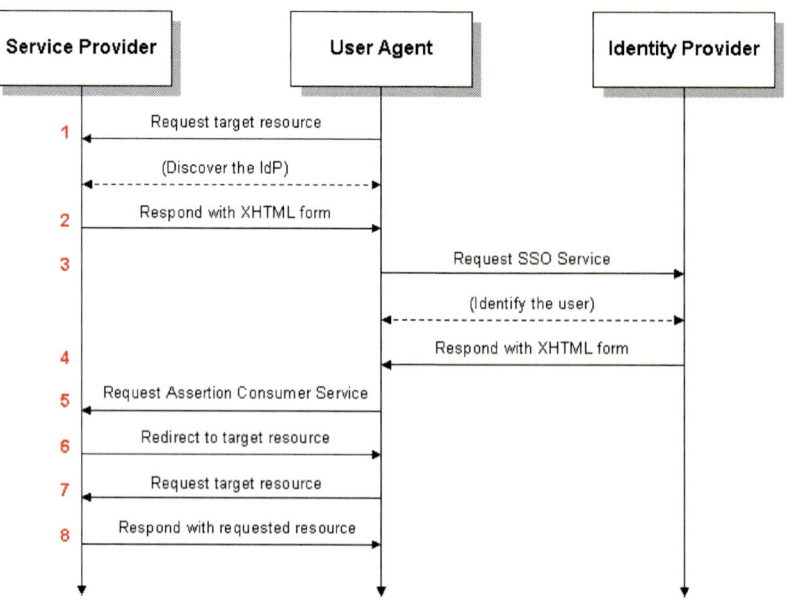

Ilustración 4. Esquema de funcionamiento del perfil Web Browser SSO de SAML 2.0.
Fuente: https://en.wikipedia.org/wiki/File:Saml2-browser-sso-artifact.gif.

Recurso [ENG]

SSML 101. Vídeo de PingIdentity explicando el funcionamiento de SAML y artículo relacionado.

https://youtu.be/gUmMcecHN9s?si=RP0aMI99Q-TSFNBp

https://www.pingidentity.com/en/resources/identity-fundamentals/authentication-
authorization-standards/saml.html

El estándar XACML

El estándar **XACML (eXtensible Access Control Markup Language)** es desarrollado por OASIS. La última versión disponible es la 3.0, publicada en enero de
2013. XACML es un sistema de control de acceso basado en atributos (véase el
subepígrafe 1.3.3. Control de acceso. El modelo RBAC y el modelo ABAC) que utiliza XML para describir las políticas y reglas de acceso.

Recurso [ENG]

Documentos de XACML desarrollados por el comité técnico de OASIS.
https://www.oasis-open.org/committees/tc_home.php?wg_abbrev=xacml

El lenguaje XACML define una serie de elementos para definir las políticas de acceso. Los elementos principales son:

- **Rule**. Es el elemento unitario de una política (**Policy**) y puede evaluarse en
  función de su contenido.

- **Policy**. Contiene o agrupa un conjunto de reglas para crear una política de
  autorización.

- **PolicySet**. Agrupa elementos **Policy** para crear un conjunto de políticas. También puede contener otros conjuntos de políticas (**PolicySet**).

Los elementos **Rule**, **Policy** y **PolicySet** pueden contener otros elementos:

- **Target**. Determina las condiciones por las que una determinada petición
  debe ser evaluada respecto a los elementos **Rule**, **Policy** o **PolicySet**.

- **Effect**. Determina cuál es la consecuencia si el elemento **Rule** se evalúa
  como cierto. Puede tomar dos posibles valores, **Permit** y **Deny**.

- **Conditions**. Permite evaluar condiciones booleanas sobre expresiones para
  determinar la aplicación de la regla más allá del elemento **Target**.

- **ObligationExpression**. Define obligaciones a las reglas y políticas. El PEP no
  puede ignorar estos elementos.

- **AdviceExpresion**. Permite definir consejos en las reglas y políticas. El PEP puede ignorar estos elementos de forma segura.

- **Rule Combining Algorithm** y **Policy Combining Algorithm**. Se aplican sobre los elementos **Policy** y **PolicySet**, respectivamente. Se utilizan para decidir en los casos en los que haya varias reglas o políticas que se contradicen entre sí.

El siguiente bloque de código extraído de la especificación muestra un ejemplo sencillo de cómo se define una política en XACMLv3.0.

```xml
<?xml version="1.0" encoding="UTF-8"?>
<Policy
  xmlns="urn:oasis:names:tc:xacml:3.0:core:schema:wd-17"
  xmlns:xsi="http://www.w3.org/2001/XMLSchema-instance"
  xsi:schemaLocation="urn:oasis:names:tc:xacml:3.0:core:schema:wd-17
http://docs.oasis-open.org/xacml/3.0/xacml-core-v3-schema-wd-17.xsd"
  PolicyId="urn:oasis:names:tc:xacml:3.0:example:SimplePolicy1"
  Version="1.0"
  RuleCombiningAlgId="identifier:rule-combining-algorithm:deny-overrides">
  <Description>
    Medi Corp access control policy
  </Description>
  <Target>
  <Rule
    RuleId= "urn:oasis:names:tc:xacml:3.0:example:SimpleRule1"
    Effect="Permit">
    <Description>
      Any subject with an e-mail name in the med.example.com domain
      can perform any action on any resource.
    </Description>
    <Target>
      <AnyOf>
        <AllOf>
          <Match
            MatchId="urn:oasis:names:tc:xacml:1.0:function:rfc822Name-match">
            <AttributeValue
              DataType="http://www.w3.org/2001/XMLSchema#string"
            >med.example.com</AttributeValue>
            <AttributeDesignator
              MustBePresent="false"
              Category="urn:oasis:names:tc:xacml:1.0:subject-category:access-subject"
              AttributeId="urn:oasis:names:tc:xacml:1.0:subject:subject-id"
              DataType="urn:oasis:names:tc:xacml:1.0:data-type:rfc822Name"/>
```

Continúa en la página siguiente

```
          </Match>
        </AllOf>
      </AnyOf>
    </Target>
  </Rule>
</Policy>
```

XACML define las políticas y reglas a través de cinco subsistemas, llamados **points** en la especificación, que colaboran entre sí. Los cinco subsistemas o *points* son:

- **Policy Administration Point** (PAP). Gestiona las políticas de autorización de acceso.

- **Policy Decision Point** (PDP). Evalúa las peticiones de acceso según las políticas de autorización antes de permitir el acceso.

- **Policy Enforcement Point** (PEP). Gestiona las peticiones de acceso de los usuarios a los recursos. La decisión puede ser conceder el permiso o no, y se basa en las reglas del PDP.

- **Policy Information Point** (PIP). Almacena información de atributos y sus valores que pueden ser utilizados en las políticas XACML.

- **Policy Retrieval Point** (PRP). Es el lugar donde las políticas de autorización de acceso XACML se almacenan. Puede ser tanto un fichero, como una base de datos o cualquier otro.

La Ilustración 5 muestra un diagrama de flujo de datos del funcionamiento de XACML y sus subsistemas. Los pasos que se realizan son los siguientes:

1. El PAP contiene las políticas y los conjuntos de políticas disponibles para el PDP.

2. El PEP recibe una petición de acceso.

3. La petición de acceso es enviada al **context handler** que actúa como elemento central del flujo de datos.

4. El **context handler** construye una petición XACML con los datos de acceso y los remite al PDP.

5. Si es necesario, el PDP solicita más información de ciertos atributos al **context handler**.

6. La información de esos atributos se solicita al PIP.

7. El PIP obtiene los atributos de diferentes fuentes.

8. El **contex handler** recibe los atributos devueltos por el PIP.

9. Opcionalmente, el **context handler** puede incluir el recurso en la petición.

10. El **context handler** devuelve toda la información de atributos al PDP.

11. El PDP devuelve la respuesta junto con la decisión de autorización (permitir o denegar).

12. El **context handler** traslada la decisión al PEP.

13. El PEP cumple con las obligaciones.

14. Este paso no se muestra en el modelo, pero si la petición es aceptada, el PEP permite el acceso al recurso solicitado; en caso contrario, se deniega.

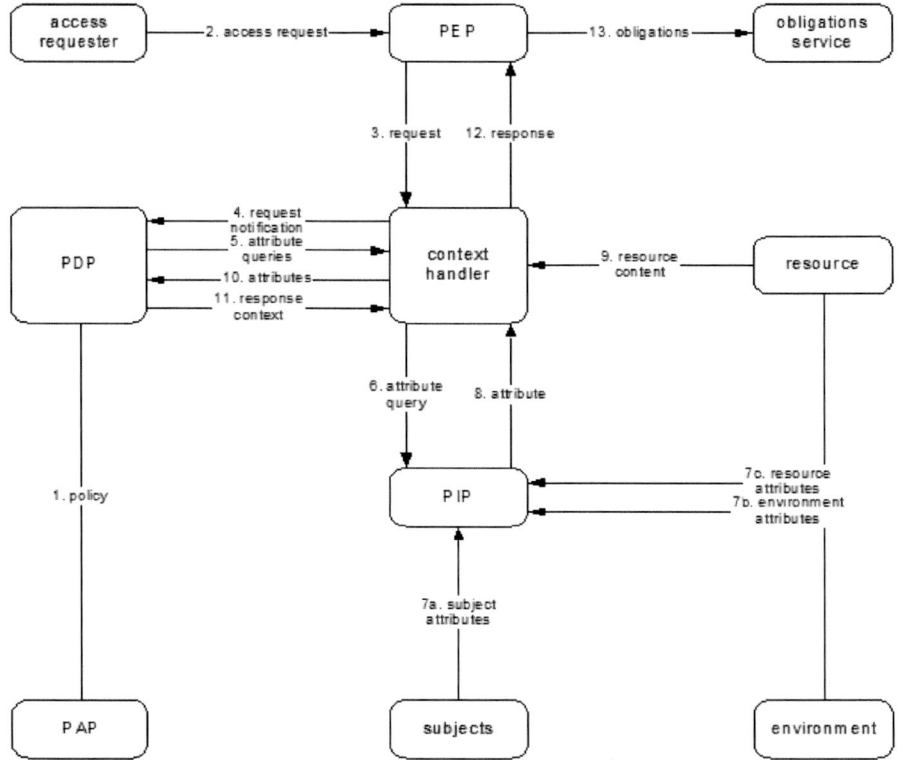

Ilustración 5. Modelo de diagrama de flujo de datos de XACML.
Fuente: http://docs.oasis-open.org/xacml/3.0/xacml-3.0-core-spec-os-en.html.

1.5. Implementación de la seguridad en arquitecturas orientadas a servicios

La seguridad, como se ha ido viendo a lo largo de este capítulo, es un aspecto fundamental en el desarrollo de un servicio web. La mayoría de las tecnologías estudiadas para ofrecer seguridad a un servicio web utiliza mecanismos criptográficos para lograr diversos fines: garantizar la confidencialidad y la integridad de los mensajes, que los mensajes no puedan ser repudiados, etc. Las siguientes secciones explican los principios fundamentales de la criptografía, qué es y para qué sirve, qué tipos de algoritmos criptográficos hay, cuáles son y cómo funcionan.

1.5.1. Conceptos básicos de criptografía

La **criptografía** es una rama de la **criptología** que se encarga de estudiar las técnicas para ocultar información. El motivo por el que se usa la criptografía es que tanto el **emisor** como el **receptor** de la información desean que el mensaje no sea leído por otros (**confidencialidad**), que el mensaje no pueda ser modificado (**integridad**) y que no se pueda suplantar la identidad del emisor (**autenticación**).

La información que se quiere ocultar se denomina **mensaje** y al proceso de ocultación del mensaje se le denomina **cifrar** o **encriptar**. Para cifrar el mensaje se emplea un algoritmo de cifrado o algoritmo criptográfico (en el subepígrafe 1.5.2. Tipos de criptografía se explicarán diferentes tipos de algoritmos de cifrado).

El proceso inverso, es decir, la obtención del mensaje original a partir del mensaje cifrado se denomina **descifrar** o **desencriptar**. Esta acción será posible solo si se posee el **secreto**, es decir, una información oculta que permite al receptor poder descifrar el mensaje. La seguridad reside en la calidad de ese secreto, no en que se conozca el algoritmo de cifrado empleado. Este es uno de los grandes pilares de la criptografía que se sustenta en los **principios de Kerckhoffs**, y que se opone frontalmente a la **seguridad por oscuridad** (*security through obscurity*).

El **criptoanálisis** es otra rama de la criptología que se encarga de estudiar las técnicas para descifrar un mensaje sin disponer del secreto, por tanto, los objetivos de la criptografía y el criptoanálisis son antagónicos. La criptografía ha ido avanzando y mejorando a la vez que los algoritmos criptográficos iban siendo rotos por los criptoanalistas. El objetivo de un **atacante** será lograr descifrar el mensaje sin tener conocimiento del secreto; para ello, las técnicas que puede emplear son muy diversas.

El origen de la criptografía se remonta a la antigüedad, la historia está llena de ejemplos como el método de la escítala, usado por los espartanos, o el cifrado de César, empleado por Julio César:

- El **método de la escítala** consistía en enrollar una banda de cuero o papiro alrededor de una vara, la escítala (en griego antiguo: σκυτάλη, *skytálē*) y escribir sobre ella, de modo que al desenrollar el cuero o papiro el mensaje se descomponía. Para descifrar el mensaje, el receptor disponía de una vara de igual grosor que la utilizada en el cifrado, sobre la que enrollaba la tira de cuero o pergamino con el mensaje cifrado. Este es un tipo de cifrado conocido como cifrado por transposición.

- El **cifrado de César** consistía en sustituir un carácter del texto original por otro situado un número de posiciones más adelante en el alfabeto; este número de posiciones era el secreto del algoritmo. Por ejemplo, el texto cifrado XPOHPVDMHVHFUHWR se ha cifrado sustituyendo cada letra por la situada tres posiciones más adelante en el alfabeto español, por tanto, para descifrarlo habría que hacer el proceso inverso. Se deja al lector para que descifre el contenido del mensaje oculto.

Además de estos dos ejemplos, hay otros muchos que emplean técnicas similares: uso de claves variables por cada letra, utilizar más de un alfabeto, etc., son conocidos como **cifrados polialfabéticos**. Este tipo de algoritmos de cifrado basados en la sustitución o transposición de los caracteres del texto son fáciles de romper a través del análisis de frecuencias de los caracteres del texto cifrado.

Ilustración 6. Máquina Enigma expuesta en el Imperial War Museum de Londres.

Un ejemplo mucho más contemporáneo de un cifrado polialfabético es la **máquina Enigma** (véase Ilustración 6), un dispositivo electromecánico empleado por los alemanes en la Segunda Guerra Mundial para ocultar sus comunicaciones. La máquina Enigma empleaba unos rotores con las letras del alfabeto a su alrededor que giraban con la pulsación de cada tecla. La posición inicial de cada rotor determinaba un cifrado diferente, por tanto, existían un gran número de posibles combinaciones de cifrado. La complejidad de la máquina era aún mayor, ya que disponía de otros componentes como un reflector, un panel de conexión y otros accesorios.

Se ha contado mucho sobre esta máquina en libros, películas y documentales, pero sigue habiendo muchos misterios sin resolver acerca de cómo los aliados pudieron haber roto el cifrado de la máquina e interceptar todas las comunicaciones alemanas sin que estos se percataran de ello.

Recurso

Documental *La curiosa guerra de Alan Turing o cómo las matemáticas derrotaron a Hitler,* donde se cuenta la batalla que libraron los aliados para lograr descifrar Enigma. https://www.youtube.com/watch?v=ElpqAX64bkk

1.5.2. Tipos de criptografía

En esta sección se explican las características principales de los algoritmos criptográficos más empleados. No se profundizará en sus cualidades matemáticas ni en los posibles ataques que se pueden realizar sobre ellos. Si desea saber más acerca de estos aspectos, unos buenos libros de consulta son *Handbook of Applied Cryptography*, de Alfred J. Menezes, Paul C. van Oorschot y Scott A. Vanstone de la editorial CRC Press, y *Criptografía digital. Fundamentos y aplicaciones*, de José Pastor, Miguel Ángel Sarasa y José Salazar, de la editorial Prensas Universitarias de Zaragoza. Además, puede consultar la web de **Criptored** (www.criptored.es) que contiene numerosos recursos sobre criptografía en castellano y el canal de YouTube **Class4Crypt** del Dr. Jorge Ramió (https://www.youtube.com/@JorgeRamio), donde, a través de diversas clases organizadas en módulos, se explican conceptos básicos y avanzados del funcionamiento de la criptografía y los algoritmos criptográficos.

Los algoritmos criptográficos se pueden clasificar en tres grandes grupos:

- **Algoritmos simétricos** o **de clave secreta**.

- **Algoritmos asimétricos** o **de clave pública**.

- **Algoritmos de resumen**, funciones de dispersión o **funciones *hash***.

A continuación se detallan las características de cada uno de estos grupos y se describen brevemente los algoritmos criptográficos más relevantes de cada uno de ellos.

Algoritmos simétricos o de clave secreta

En este tipo de algoritmos la clave de cifrado coincide con la clave de descifrado. El emisor y el receptor del mensaje deben haberse puesto de acuerdo en la clave que se va a utilizar. Esto implica que debe existir un canal seguro de comunicación para poder intercambiarse la clave y es aquí donde reside la debilidad de este tipo de cifrado.

Dentro de este tipo de algoritmos, podemos diferenciar dos subgrupos:

- **Cifradores de flujo (*stream cipher*)**. La transformación de cifrado se aplica a cada símbolo del alfabeto en el que está escrito el mensaje en claro. En 2004 el proyecto eSTEAM lanzó una iniciativa para seleccionar los mejores cifradores de flujo. En la versión *hardware* resultaron seleccionados Grain v1, MICKEY 2.0 y Trivium, mientras que en la versión *software* se seleccionaron HC-128, Rabbit, Salsa20/12 y SOSEMANUK.

Recurso [ENG]

Web del proyecto eSTREAM con toda la información de los algoritmos de cifrado de flujo seleccionados.
http://www.ecrypt.eu.org/stream/

- **Cifradores de bloque (*block cipher*)**. La transformación de cifrado se aplica sobre bloques de símbolos en los que está escrito el mensaje en claro. El tamaño más común de los bloques es de 64, 128 y 256 bits. Los ejemplos más destacados de este tipo de cifradores son:

  — **DES (Data Encryption Standard)**. Publicado en 1977 por el National Bureau of Standard de Estados Unidos, utiliza una longitud de bloque de 64 bits, y una longitud de clave de 56 bits más 8 de paridad. Hoy día es totalmente inseguro, pero se sigue mencionando en la bibliografía por cuestiones históricas.

  — **Triple DES o TDES**. Consiste en usar tres algoritmos DES encadenados y puede usarse con dos claves independientes con 80 bits de seguridad o tres claves independientes con 112 bits de seguridad. Ambas versiones se consideran inseguras hoy en día.

  — **AES (Advanced Encryption Standard)**. También conocido como **Rijndael** (por sus autores Joan Daemen y Vincent Rijmen), fue adoptado como un estándar por el National Institute of Standards and Technology (NIST) tras un proceso público de propuesta de algoritmos que buscaba reemplazar a DES. Puede utilizar tamaños de bloque y de claves de 128, 192 y 256 bits. Además, el algoritmo se puede adaptar fácilmente a cualquier longitud de bloque o clave que sea múltiplo de 32 bits.

  — **Blowfish**. Creado por Bruce Schneider sin ningún tipo de restricción en su uso y libre de patentes. Usa un tamaño de bloque de 64 bits y claves variables entre 32 y 448 bits. Aunque se considera seguro hoy en día, se aconseja utilizar las nuevas versiones del algoritmo, **Twofish**, que fue competidor de AES, con una longitud de bloque de 128 bits y 256 bits de clave, y **Threefish** con tamaños de 256, 512 o 1024 bits para el bloque y la clave.

Algoritmos asimétricos o de clave pública

Estos algoritmos utilizan dos parejas de claves, una pública conocida por todo el mundo y otra privada que debe ser conocida únicamente por su propietario. Con este tipo de algoritmos se puede tanto cifrar información como firmarla. El proceso es el siguiente:

- **Cifrado**: para cifrar cualquier mensaje el emisor emplea la clave pública del receptor. El proceso de descifrado solo se puede realizar conociendo la clave privada que está en poder únicamente del destinatario del mensaje.

- **Firma digital**: el emisor utiliza su clave privada para firmar el mensaje. El receptor utiliza la clave pública del emisor para comprobar que la firma es correcta.

Este tipo de algoritmos de cifrado resuelven el problema de cómo intercambiar la clave secreta en los algoritmos simétricos. Además, ofrecen integridad y autenticidad a los mensajes.

Este tipo de algoritmos tiene su origen en el artículo de W. Diffie y M. E. Hellman «New directions in Cryptography» de 1976. En él proponen un protocolo para acordar una clave secreta utilizando un canal no seguro. El proceso de generación de claves se basa en la complejidad de resolver ciertos problemas matemáticos, en el caso de Diffie-Hellman utilizaron el **problema del logaritmo discreto**.

Los algoritmos de cifrado de clave pública más relevantes son los siguientes:

- **RSA** (Rivest-Shamir-Adleman). Se basa en el **problema de la factorización de números enteros** que consiste en determinar los factores primos de un número cualquiera. No existe ningún algoritmo que pueda resolver este problema en un tiempo polinomial; esto significa que conforme el número de cifras del número aumenta, el tiempo para factorizarlo crece de forma exponencial.

- **ElGamal**. Es el primer algoritmo que propuso el empleo de **curvas elípticas** y, al igual que la propuesta de Diffie-Hellman, se basa en el problema del logaritmo discreto.

La empresa RSA Laboratories obtuvo la patente del algoritmo RSA y en 1991 comenzó a desarrollar una serie de estándares de criptografía de clave pública conocidos como **PKCS** (**Public-Key Cryptography Standards**).

Recurso
Página de Wikipedia con los diferentes estándares PKCS.
https://es.wikipedia.org/wiki/PKCS

Algoritmos de resumen, funciones de dispersión o funciones *hash*

Como su nombre indica, estos algoritmos calculan un **resumen de longitud fija** de un determinado mensaje que puede ser de cualquier longitud. La seguridad de estos algoritmos radica en que, aun cuando el resumen del mensaje sea conocido, resulte imposible obtener el mensaje original o encontrar otro mensaje cuyo resumen sea idéntico.

Este tipo de algoritmos es muy usado para almacenar contraseñas; esto se conoce como ***password hashing***. La forma en la que se autentica el usuario es aplicando la función resumen sobre la contraseña introducida y comparar su resumen con el que hay almacenado en el sistema. Si coincide, es que el usuario ha introducido correctamente sus credenciales.

Las funciones resumen también se emplean en la firma digital. La firma se realiza sobre el resumen del mensaje, en lugar del mensaje completo, ya que de esta forma el proceso es más rápido e igual de seguro.

Los algoritmos *hash* o de resumen más conocidos son:

- **MD (Message Diggest)**. Creado por Ronald Rivest, la R de RSA. Existen diversas versiones, MD2, MD4, MD5 y MD6. La seguridad de MD5 está comprometida actualmente y su uso está desaconsejado, su longitud de resumen es de 128 bits. MD6 puede tener una longitud variable de resumen hasta 512 bits.

- **SHA (Secure Hash Algorithm)**. Es un conjunto de funciones criptográficas de resumen publicadas por el NIST estadounidense. Están disponibles las series SHA-0, SHA-1, SHA-2 y SHA-3. La seguridad de SHA-2 está empezando a ser comprometida y muchas de sus versiones (longitud de resumen) son inseguras, por lo que se debería comenzar a usar SHA-3.

Lectura recomendada [ENG]
Artículo en Wikipedia que compara la seguridad de distintas funciones hash.
https://en.wikipedia.org/wiki/Hash_function_security_summary

1.5.3. Entidades certificadoras

Una entidad certificadora o **autoridad certificadora** (CA, **Certification Authority**) es un organismo, público o privado, que se encarga de emitir certificados digitales. La CA es una entidad de confianza, esto quiere decir que un prestador de servicios de Internet que utilice la firma electrónica para sus trámites, aceptará un certificado digital emitido por una CA si este confía en ella.

En el proceso de solicitud de un certificado digital, se debe comprobar la autenticidad y veracidad de los datos del certificado, además de identificarlos de manera unívoca a su usuario, de modo que no se pueda suplantar una identidad. Esta labor la puede realizar la propia CA o una **autoridad de registro** (RA, **Registration Authority**).

La CA emite el certificado digital firmado con su clave privada lo que le otorga su autenticidad. Para ello, es necesario que una CA disponga de un certificado digital emitido por otra autoridad de certificación de rango superior, es decir, el certificado de una CA estará firmado por una CA de rango superior. Una **CA raíz** es una autoridad de certificación que no está subordinada a ninguna otra y que puede firmar su propio certificado digital.

La cuestión principal en este proceso es cómo se establece la confianza de una CA, es decir, qué hace que se pueda confiar en los certificados emitidos por una CA. **Webtrust** es un sello de confianza creado por la American Institute of Certified Public Accountants (AICPA) y el Canadian Institute of Chartered Accountants (CICA) que se otorga a las entidades certificadoras tras superar un proceso de auditoría en base a una serie de principios y criterios.

Recurso [ENG]
Web oficial del sello Webtrust.
http://www.webtrust.org

El *software* de Microsoft, así como los navegadores Google Chrome y Mozilla Firefox, entre otros, traen preinstalados certificados de confianza de autoridades de certificación que disponen del sello Webtrust, de modo que cuando navegamos por Internet y accedemos a una página que utiliza un protocolo seguro (HTTPS), no se muestre una advertencia de seguridad. En caso de que se acceda a un sitio seguro cuyo certificado no está en la lista de

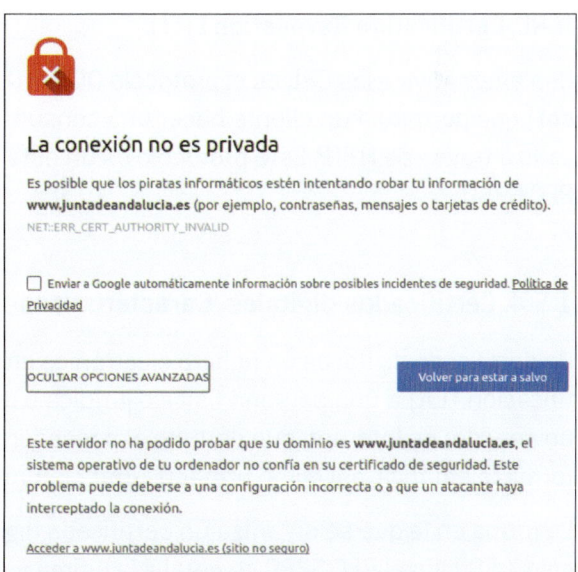

Ilustración 7. Información de no confianza en el certificado digital del sitio www.juntadeandalucia.es mostrada en el navegador Chrome.

certificados de confianza del navegador, este mostrará una advertencia al usuario (véase Ilustración 7 en la página anterior).

En España, la **Fábrica Nacional de Moneda y Timbre** (FNMT), a través de su departamento CERES (CERtificación ESpañola), es una CA de confianza que dispone del sello Webtrust y que se encarga de emitir certificados digitales tanto para personas físicas como para otro tipo de figuras jurídicas. También se dispone del **DNI electrónico** o **DNIe**, cuyo chip lleva almacenado un certificado digital emitido por la **Dirección General de la Policía** que es la que actúa como CA en este caso.

Recursos

Entidades o autoridades de certificación (CA) en España.
Fábrica Nacional de Moneda y Timbre: http://www.cert.fnmt.es/
DNI electrónico: http://www.dnielectronico.es

Una **autoridad de validación** (VA, **Validation Authority**) es una entidad encargada de ofrecer servicios que permitan comprobar la validez de un certificado digital. Un certificado digital puede dejar de ser válido por diversos motivos, por ejemplo, porque haya expirado su periodo de validez o porque su clave privada esté comprometida (por ejemplo si el usuario notifica que ha perdido el certificado). En ese caso el certificado digital es revocado, de modo que deja de ser un certificado válido y se almacena en una **lista de revocación de certificados** (CRL, **Certification Revocation List**).

Una alternativa a las CRL es el protocolo **OCSP** (**Online Certificate Status Protocol**) que permite a un cliente hacer una consulta sobre el estado de un certificado a través de HTTP. Este protocolo es un estándar de Internet definido en el RFC 6960.

1.5.4. Certificados digitales. Características

Un certificado digital es un fichero electrónico emitido por una autoridad de certificación (CA) a una persona física o jurídica o un componente *software* como un servidor de Internet, que permite al poseedor del certificado identificarse de forma telemática, así como firmar y cifrar documentos electrónicos.

La forma en la que se organiza un certificado digital viene descrita por el protocolo X.509. En el RFC 5280 se detalla la última versión, la v3.

Los campos que contiene un **certificado digital X.509 v3** son:

- **Número de versión**. Versión del certificado X.509 (v1, v2 o v3).
- **Número de serie**. Identifica de manera única un certificado digital emitido por una CA.
- **Algoritmo de firma del certificado**. El algoritmo utilizado por la CA para firmar el certificado digital.
- **Emisor**. Entidad que ha emitido el certificado digital.
- **Validez**. Periodo durante el cual el certificado es válido. Contiene una fecha de inicio y caducidad.
- **Asunto**. Datos del propietario del certificado digital.
- **Información de la clave pública del sujeto**. Clave pública y algoritmos de clave pública asociados a la misma.
- **Extensiones**. Esta sección contiene información adicional del certificado.
- **Firma digital de la autoridad de certificación**. Firma digital real del certificado, realizada por la entidad emisora del mismo utilizando el algoritmo de firma indicado en el campo «algoritmo de firma del certificado».

1.5.5. Identificación y firma digital mediante certificados digitales

La **Ley 6/2020**, de 11 de noviembre, **reguladora de determinados aspectos de los servicios electrónicos de confianza**, regula el uso del certificado digital para la firma electrónica de documentos, los conceptos relacionados con los certificados electrónicos, así como las obligaciones de los prestadores de servicios que expiden certificados electrónicos, entre otros aspectos relevantes.

Lectura recomendada [ENG]

Ley 6/2020 reguladora de determinados aspectos de los servicios electrónicos de confianza, texto consolidado.
https://www.boe.es/eli/es/l/2020/11/11/6/con

Un certificado digital puede ser usado para identificarse ante cualquier entidad de manera telemática. De este modo, las Administraciones públicas solicitan la presentación de un certificado digital válido para realizar trámites telemáticos a través de sus portales, como puede ser modificar o presentar la declaración de la renta, solicitar un informe de vida laboral o pedir una cita médica.

Al acceder al trámite a través del navegador, la página solicitará el certificado digital emitido por una autoridad de certificación de confianza, la FNMT o el DNI electrónico. El prestador del servicio comprobará que el certificado ha sido emitido por una CA de confianza y permitirá al usuario realizar el trámite correspondiente.

La firma digital o firma electrónica permite firmar documentos de manera telemática sin que tengamos que estampar nuestra firma manuscrita sobre un papel. Una firma digital consiste en calcular un resumen del documento mediante un algoritmo de resumen (*hash*) y cifrarlo con la clave privada del certificado digital. El resumen firmado se añade al documento electrónico y se envía al receptor.

La validez de la firma puede comprobarse calculando nuevamente el resumen del documento y comprobar que esta coincide con la firma adjunta, descifrando previamente el hash con la clave pública del certificado digital de la persona firmante.

Lectura recomendada [ENG]
Portal de firma electrónica del Gobierno de España que contiene información sobre el proceso de firma de un documento y la validación de un documento firmado electrónicamente.
http://firmaelectronica.gob.es/

Existen multitud de herramientas y *software* para firmar documentos electrónicamente y validar la firma de un documento firmado electrónicamente. Una de estas herramientas es **VALIDe**, que está disponible de manera *online* y funciona a través de un navegador web. Otra herramienta muy potente es **Sinadura Desktop**, una aplicación de escritorio *open source* y multiplataforma para la firma digital de cualquier tipo de documento, la última versión disponible al tiempo de escribir estas líneas es la 5.0.9 de septiembre de 2020. Por último, **Autofirma** es una herramienta muy empleada por las administraciones públicas para realizar el proceso de autenticación mediante certificados digitales y también permite firmar documentos.

Recursos
Herramientas de firma y validación de firmas y certificados digitales.
VALIDe: https://valide.redsara.es
Sinadura Desktop: https://github.com/zylklab/sinaduraDesktop
Autofirma: https://firmaelectronica.gob.es/Home/Descargas.html

1.5.6. Cifrado de datos

En esta sección se explica la herramienta **GnuPG**, una implementación libre del estándar OpenPGP definido en el RFC 4880. Esta herramienta funciona en línea de comandos, también se conoce como *gpg* y está disponible para entornos Windows, Linux, Mac y otros.

Recurso [ENG]

Web del software GnuPG
https://www.gnupg.org/

Entre las tareas que podemos realizar con el programa están: cifrar y descifrar documentos empleando tanto criptografía simétrica como asimétrica, generar claves pública/privada para criptografía asimétrica o firmar documentos. Los algoritmos disponibles en GnuPG 2.0 son:

- Clave pública: RSA, ELG, DSA.

- Cifrado simétrico: IDEA, 3DES, CAST5, BLOWFISH, AES, AES192, AES256, TWO-FISH, CAMELLIA128, CAMELLIA192, CAMELLIA256.

- Resumen: MD5, SHA1, RIPEMD160, SHA256, SHA384, SHA512, SHA224.

La Tabla 2 muestra las opciones más relevantes del programa GnuPG utilizadas en la línea de comandos.

Tabla 2. Opciones más destacadas de GnuPG

Opción	Significado
-s, --sign	Firma digitalmente un documento. Se puede combinar con *--encrypt* (para cifrar y encriptar un mensaje) y *--symmetric* (para firmarlo y cifrarlo simétricamente).
--clearsign	Firma un documento sin cifrarlo.
-e, --encrypt	Cifra con criptografía asimétrica.
-c, --symetric	Cifra con criptografía simétrica usando una contraseña. El algoritmo por defecto es CAST5, pero puede escogerse otro con la opción *--cipher-algo*.
-d, --decrypt	Descifra el fichero proporcionado como parámetro o, si no se indica, el texto introducido en la entrada estándar. El resultado es guardado en el fichero indicado con la opción output. Si el fichero está firmado, también se verifica su firma.
--verify	Verifica un fichero firmado.
--gen-key	Genera un par de claves pública/privada.
--export	Exporta una o más claves públicas de nuestro almacén de claves (*keyring*).
--import	Importa claves públicas a nuestro almacén de claves (*keyring*).

1.6. Directorios de servicios

En esta sección se explicará el concepto de directorio de servicios enfocado a las aplicaciones SOA, si bien el concepto de directorio puede ser mucho más amplio y englobar otro tipo de servicios y aplicaciones.

1.6.1. Concepto de directorio

Un directorio es un lugar donde se almacenan recursos (que pueden ser de cualquier tipo) y que se encuentran clasificados de acuerdo con determinados criterios o categorías. La información utilizada para realizar esta clasificación recibe el nombre de *metadatos*. Los metadatos permiten a un actor encontrar los recursos que cumplen las restricciones o características deseadas por este.

Imaginemos que estamos desarrollando una aplicación SOA que necesita conocer los vuelos que salen de una determinada ciudad. Esta aplicación necesita de un servicio que le ofrezca esta información y que cumpla con los requisitos que la aplicación establezca; por ejemplo, que la interfaz y los tipos de datos utilizados sean de una determinada manera. La aplicación consultaría a un directorio de servicios con los metadatos que debe cumplir el servicio deseado. Si la búsqueda en el directorio tiene éxito, se devolverán los datos del servicio para poder conectarse a él. Esta es la utilidad del protocolo **UDDI (Universal Description, Discovery and Integration)** que se explicará más adelante.

Una visión más amplia del concepto de directorio la ofrece el protocolo **LDAP (Lightweight Directory Access Protocol)** empleado para acceder a un servicio de directorio distribuido que permite registrar y encontrar recursos en una red, como por ejemplo impresoras, equipos, usuarios, etc. Ejemplos de implementaciones de LDAP son OpenLDAP, de código fuente abierto, y Active Directory de Microsoft.

Recurso [ENG]
Web del proyecto OpenLDAP.
http://www.openldap.org/

1.6.2. Ventajas e inconvenientes

Podemos destacar las siguientes ventajas de los directorios de servicios:

• Fácil gestión de los recursos ofrecidos por el directorio.

• Provee mecanismos de control de acceso y autorización de los clientes del servicio.

- Permite localizar recursos mediante búsquedas según las necesidades de los clientes.

En cuanto a los inconvenientes, señalaremos:

- Es difícil mantener actualizado el directorio, sobre todo si involucra a numerosas entidades.

- El éxito de las búsquedas depende de que se utilicen los metadatos adecuados para los recursos, lo que en ocasiones no sucede.

- Si el directorio sufre un corte del servicio, las aplicaciones que dependen de su operatividad pueden verse inutilizadas totalmente si no hay directorios alternativos o de respaldo.

1.6.3. Directorios distribuidos

Un servicio de directorios distribuidos es una infraestructura jerárquica en la que los directorios se encuentran distribuidos en diferentes nodos de la red. El protocolo LDAP es un ejemplo de ello y permite crear servicios de directorio distribuidos, pero quizás el ejemplo más notable sea el funcionamiento del protocolo DNS (*Domain Name System*).

El protocolo DNS es un sistema de nombres jerárquico y distribuido para identificar cualquier recurso de una red. Los nombres se establecen dentro de un dominio, el servidor del dominio puede delegar en un subdominio el establecimiento de los nombres de dicho subdominio. Aunque habitualmente se relaciona el uso de DNS para identificar las direcciones IP de una determinada URL de Internet, la infraestructura DNS puede ser privada dentro de la red de una corporación; por ejemplo, universidades, Administraciones públicas, etcétera.

Lectura recomendada

Artículo sobre el funcionamiento del protocolo DNS en Wikipedia.
https://es.wikipedia.org/wiki/Domain_Name_System

La estructura distribuida permite que un directorio no tenga que almacenar toda la información del mismo, sino que cada directorio sería responsable de almacenar su información local y de consultar a un servidor en una jerarquía superior aquella información de la que no disponga.

1.6.4. Estándares sobre directorios de servicios: UDDI

El protocolo **UDDI** (*Universal Description, Discovery, and Integration*) es un estándar de la industria para el registro, publicación y búsqueda de servicios en una infraestructura SOA. UDDI fue creado como un pilar central de SOA de modo que una aplicación que necesita de un servicio con una determinada interfaz y que deba cumplir unos requisitos determinados hiciera una petición al directorio para que este le devolviera la lista de servicios que encajan con sus necesidades.

UDDI ha sido mantenido y desarrollado por OASIS, si bien el grupo encargado de la especificación fue cerrado en 2007. Lo cierto es que este estándar no ha tenido el uso y la aceptación que se podía esperar, y grandes empresas como Microsoft han ido cerrando sus directorios UDDI y han dejado de mantenerlo en sus nuevas versiones de *software*.

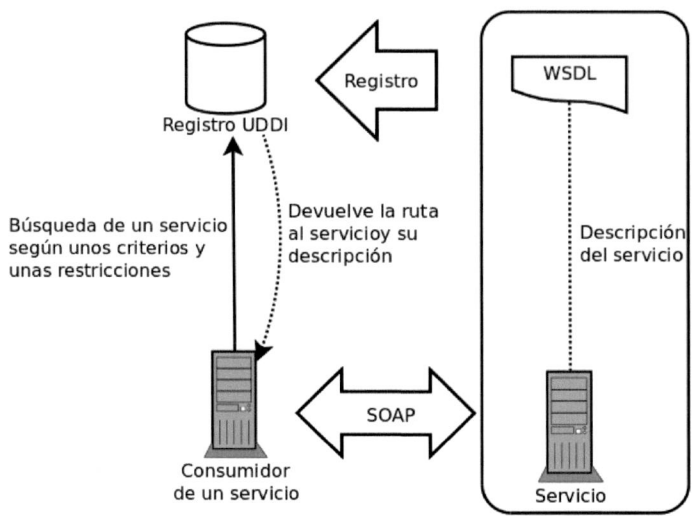

Ilustración 8. Modelo conceptual de funcionamiento del protocolo UDDI.

La Ilustración 8 muestra de manera conceptual cómo funciona el protocolo UDDI. El servicio web junto con su documento WSDL de descripción del servicio se almacenan en el registro del directorio de servicio. La forma en la que está organizado este registro permite realizar búsquedas a los consumidores de servicios, que pueden ser cualquier aplicación SOA, de modo que sea posible encontrar aquellos servicios que encajen con sus necesidades y requisitos. El protocolo UDDI devuelve al consumidor el lugar donde se encuentra, tanto el servicio como el documento WSDL. Con esta información, la aplicación SOA podrá realizar peticiones y consumir el servicio por medio de peticiones SOAP.

Lectura recomendada [ENG]

Tutorial del funcionamiento de UDDI.
https://www.tutorialspoint.com/uddi/

El proyecto **jUDDI** de Apache es una implementación en Java de este protocolo. La versión 3.3.10 fue publicada en julio de 2021 y cumple con las versiones 2 y 3 de UDDI. Por desgracia, el proyecto ha dejado de mantenerse, si bien la web sigue estando accesible para su consulta.

Recurso [ENG]

Sitio web del proyecto Apache jUDDI.
https://juddi.apache.org/

Ejercicios

Ejercicios de comprobación

1.1. Un sistema distribuido puede estar compuesto por nodos con *hardware* y *software* distinto. Esta característica se conoce como:

a) Escalabilidad.

b) Transparencia.

c) Seguridad.

d) Heterogeneidad.

1.2. ¿En qué tecnología tiene su origen la arquitectura orientada a servicios?

a) CORBA.

b) DCOM.

c) RPC.

d) Ninguna opción es correcta.

1.3. ¿Cuál es la organización encargada de crear los estándares SOA?

a) W3C.

b) OASIS.

c) WS-I.

d) ISO.

1.4. ¿Cuál de los siguientes lenguajes o estándares no se utiliza para definir un servicio web?

a) WSDL.

b) RAML.

c) WADL.

d) SAML.

1.5. ¿A qué capa de la pila de protocolos de servicios web pertenece el protocolo SOAP?

a) *Service Transport*.

b) *Service Packaging and Extensions*.

c) *Service Description*.

d) *Service Discovery*.

1.6. ¿A qué capa de la pila de protocolos de servicios web pertenece el protocolo WADL?

a) *Service Transport*.

b) *Service Packaging and Extensions*.

c) *Service Description*.

d) *Service Discovery*.

1.7. ¿Qué estándar utiliza SOAP para garantizar la confidencialidad de los mensajes?

a) WS-Security.

b) XML-Encryption (XML-Enc).

c) XML-Signature (XML-Sig).

d) XACML.

1.8. ¿Qué sección de un mensaje SOAP contiene datos de control opcionales?

a) *Envelope*.

b) *Header*.

c) *Body*.

d) *Fault*.

1.9. En un servicio web basado en REST, ¿qué método HTTP debe usarse para reemplazar datos en el servidor?

a) GET.

b) POST.

c) PUT.

d) DELETE.

1.10. ¿Qué lenguaje de definición de servicios usa la notación Markdown?

a) WADL.

b) RAML.

c) OAS.

d) API Blueprint.

Ejercicios de aplicación

1.1. Dadas las características del proyecto que se describe a continuación, explique razonadamente qué modelo de arquitectura de servicios web seguiría para el desarrollo del mismo.

Una empresa del ámbito de la auditoría le ha propuesto que realice la migración a un entorno web de su aplicación de escritorio que actualmente utilizan todos sus clientes. Esta migración implica, no solo un cambio de entorno, sino un cambio completo de modelo de negocio orientado al B2B (*Business to Business*). Ofrecerán sus servicios a otras empresas que podrán integrarlos en sus plataformas *software* sin necesidad de adquirir su aplicación, pagando por los datos y servicios que consuman. Se ha de tener en cuenta que los clientes de estos servicios podrán acceder a los mismos en función de la cuota aplicada. Además, es muy importante garantizar la seguridad, debido a la extrema sensibilidad y privacidad de los datos.

1.2. Señale las diferencias más importantes entre el modelo de arquitectura SOA y el modelo de arquitectura de microservicios.

1.3. ¿Cuál es la diferencia entre una aplicación web y un servicio web?

1.4. Acceda al panel de administración de su *router* wifi y describa las opciones de seguridad de que dispone y cómo está configurado. Explique si esta configuración es segura. Para este ejercicio también puede usar los emuladores que ofrecen los fabricantes; por ejemplo, para TP-Link (https://www.tp-link.com/es/support/emulator/).

1.5. Defina los recursos REST y cómo los gestionaría con los métodos HTTP en el siguiente servicio web de ejemplo:

El servicio web debe gestionar una agenda telefónica sencilla que almacene el nombre y el teléfono de un contacto, permitiendo añadir nuevos contactos, modificarlos y eliminarlos.

1.6. Utilice alguno de los lenguajes de definición de servicios web para crear la descripción del servicio del ejercicio anterior.

1.7. El siguiente texto está cifrado utilizando el algoritmo de César, sabiendo que las letras más frecuentes en castellano son la E y la A, trate de averiguar la clave de cifrado mediante el análisis de frecuencias de las letras.

XGÑGEÑZTLWXETFTGVATWXVÑRIGIFULXGIKÑBXLITVILWTLFXGIAT-
FÑVAINBXFJIKÑXOBOBTÑGABWTEZIWXEIMWXETGSTXGTMNBEEXLITWTLZTT-
GNBZÑTLIVBGYETVIRZTEZIVILLXWILÑGTIEETWXTEZIFTMOTVTKÑXVTLGXLI-

MTEJBVIGETMFTMGIVAXMWWÑXEIMRKÑXULTGNIMEIMMTUTWIMEXGNXCTME-
IMOBXLGXMTEZÑGJTEIFBGIWXTHTWBWÑLTEIMWIFBGZIMVIGMÑFBTGETMN-
LXMJTLNXMWXMÑATVBXGWTXELXMNIWXEETVIGVEÑBTGMTRIWXOXETLNX-
VTESTMWXOXEEÑWIJTLTETMYBXMNTMVIGMÑMJTGNÑYEIMWXEIFBMFIE-
IMWBTMWXXGNLXMXFTGTMXAIGLTUTVIGMÑOXEEILBWXEIFTMYBGINXGB-
TXGMÑVTMTÑGTTFTKÑXJTMTUTWXEIMVÑTLXGNTRÑGTMIULBGTKÑXGIE-
EXZTUTTEIMOXBGNXRÑGFISIWXVTFJIRJETSTKÑXTMBXGMBEETUTXELI-
VBGVIFINIFTUTETJIWTWXLTYLBMTUTETXWTWWXGÑXMNLIABWTEZIVIGEI-
MVBGVÑXGNTTHIMXLTWXVIFJEXQBIGLXVBTMXVIWXVTLGXMXGCÑNIWXLIM-
NLIZLTGFTWLÑZTWILRTFBZIWXETVTSTKÑBXLXGWXVBLKÑXNXGBTXE-
MIULXGIFULXWXKÑBCTWTIKÑXMTWTKÑXXGXMNIATRTEZÑGTWBYXLXGVB-
TXGEIMTÑNILXMKÑXWXMNXVTMIXMVLBUXGTÑGKÑXJILVIGCXNÑLTMOXLIM-
BFBEXMMXWXCTXGNXGWXLKÑXMXEETFTKÑBCTGTJXLIXMNIBFJILNTJIVIT-
GÑXMNLIVÑXGNIUTMNTKÑXXGETGTLLTVBIGWXEGIMXMTEZTÑGJÑGNIWXE-
TOXLWTW

1.8. Explique cuál es el proceso que se ha de seguir para obtener un certificado digital emitido por la Fábrica Nacional de Moneda y Timbre. Si no dispone de ninguno, solicítelo.

1.9. Descargue e instale el *software* de Autofirma en su equipo. Utilice su certificado digital para firmar un documento PDF cualquiera. Verifique el documento firmado a través de la página web de VALIDe.

1.10. Descargue e instale la herramienta GnuPG y realice los siguientes ejercicios:

1. Cifre simétricamente un documento.

2. Genere una pareja de claves pública/privada.

3. Exporte su clave pública e importe a su almacén claves públicas de
   otros.

4. Realice el cifrado/descifrado de documentos mediante clave pública.

5. Firme digitalmente un documento.

1.11. Indique cuáles cree que son los motivos por los que el estándar UDDI no
ha tenido éxito.

2. Programación de servicios web en entornos distribuidos

Introducción

En este capítulo se describen algunas implementaciones concretas que pueden utilizar las aplicaciones orientadas a servicios. Además, se explica cómo implementar servicios web basados en SOAP y REST, y cómo crear aplicaciones cliente que consuman estos servicios con ejemplos paso a paso utilizando la tecnología Jakarta EE (Enterprise Edition), conocida anteriormente como Java EE.

Contenido

2.1. Componentes *software* para el acceso a servicios distribuidos

El número de lenguajes de programación con los que podemos programar servicios web o acceder a servicios web existentes es bastante alto. El subepígrafe 2.3. Herramientas para la programación de servicios web describe los más importantes.

Tras haber descrito numerosos lenguajes, estándares, protocolos y herramientas en el capítulo anterior, en este capítulo se muestra el lado más práctico del desarrollo de servicios web con ejemplos de cómo crear componentes *software* del lado cliente que consumen servicios web de terceros y cómo crear nuestros propios servicios web.

La interoperabilidad de las tecnologías asociadas a la programación de servicios web nos permitirá crear los componentes *software* utilizando cualquier lenguaje sin importar el que se utiliza en el otro extremo de la comunicación.

2.1.1. Definición de servicios

La definición de un servicio web se realiza por medio de un lenguaje de descripción de servicios web. Existen multitud de lenguajes distintos que permiten describir servicios de todo tipo. En el subepígrafe 1.4.2. Lenguajes de definición de servicios: el estándar WSDL, WADL, RAML, Open API Specification y API Blueprint se describieron los más importantes. Se aconseja al lector que explore alguno de estos lenguajes y herramientas, y vea el potencial que ofrecen al programador.

Además, existen herramientas que a partir de un fichero de descripción del servicio web generan componentes *software* del lado cliente con los que acceder a dicho servicio, ahorrando bastante trabajo al programador. En el subepígrafe 2.1.2. Generación automática de servicios se explica el lenguaje **Apache Thrift** y la herramienta **Swagger Editor** para definir un servicio mediante OAS, y en el apartado 2.4. Implementación de aplicaciones con servicios web mediante Jakarta EE se utilizan las herramientas de Jakarta EE para generar código a partir de ficheros WSDL.

2.1.2. Generación automática de servicios

En esta sección mencionaremos dos recursos para generar servicios web de forma automática: **Swagger** y **Apache Thrift**.

Swagger ofrece un conjunto de herramientas para el diseño y desarrollo de API, algunas de las cuales son Open Source como **Swagger Editor** que permite diseñar de forma visual la API, **Swagger Codegen** que genera código de cliente y servidor a partir de la definición del servicio, y **Swagger UI** para generar la documentación del servicio a partir de su implementación.

El siguiente cuadro de código muestra la definición de un servicio de ejemplo que se implementará más adelante en este capítulo.

```
openapi: 3.0.3
info:
 title: Servicio REST de ejemplo - OpenAPI 3.0
 description: >-
  Este es un servicio de ejemplo que implementaremos más adelante en este
  libro. Solo tendrá varios_endpoints_que manejan peticiones HTTP GET.

  Algunos enlaces interesantes:

  - [Sitio web del autor](https://www.joseberenguel.com)

  - [Publicaciones del autor](https://www.paraninfo.es/autor/berenguel-gomez--jose-
luis-2297)
 contact:
  email: profesorjose@gmail.com
 license:
  name: Apache 2.0
  url: http://www.apache.org/licenses/LICENSE-2.0.html
 version: 1.0.11
servers:
 - url: http://localhost:8080/EjemploServicioREST/serviciorest/
tags:
 - name: EjemploREST
  description: Aplicación de ejemplo REST con Jakarta EE
  externalDocs:
   description: Find out more
 url: http://swagger.io
 - name: serviciorest
  description: Acceso a los recursos del servicio
paths:
 /holarest:
  summary: Mensaje de saludo del servicio
  get:
   summary: Devuelve un mensaje de bienvenida en formato HTML
   description: "
```

Continúa en la página siguiente

```yaml
      operationId: ''
    responses:
      '200':
      description: Página de respuesta con un mensaje
      content:
        text/html:
        schema:
          type: string
        examples:
        '200':
          value: |-
            <!DOCTYPE html>
                    <html lang=\"es\">
                      <head>
                        <title>Servicio RESTful HolaRest</title>
                        <meta http-equiv="Content-Type" content="text/html;
charset=UTF-8">
                      </head>
                      <body>
                        <h1>Mi primer servicio RESTful!</h1>
                      </body>
                    </html>
  /saludo/{username}:
    summary: Muestra un mensaje personalizado al usuario
    get:
    summary: Mensaje personalizado
    parameters:
      - in: path
      name: username
      schema:
        type: string
      required: true
      description: Nombre del usuario
    description: ''
    operationId: ''
    responses:
      '200':
      description: Mensaje personalizado al usuario
      content:
        text/html:
        schema:
          type: string
```

Swagger Editor permite añadir los diferentes elementos del servicio REST de forma visual componiendo poco a poco la definición del servicio en formato YAML según la especificación de Open API (OAS). Junto al editor, podremos observar la documentación del servicio que se va generando, como se muestra en la Ilustración 9.

Ilustración 9. Visualización de la herramienta Swagger Editor para diseñar API Rest.

Una vez que hemos terminado el diseño, en el editor disponemos de dos opciones de menú, **Generate Server** y **Generate Client,** en las que podemos elegir el lenguaje para el cual queremos generar el esqueleto de código para crear el cliente y/o el servidor relacionado con este servicio REST. Para profundizar en la descripción de servicios web más complejos es recomendable revisar la documentación de OAS.

Lectura recomendada [ENG]

Guía para describir servicios con Open API Specification (OAS).
https://swagger.io/docs/specification/about/

Thrift fue creado en Facebook para el desarrollo de servicios escalables y multilenguaje utilizando RPC, y posteriormente cedido a la Fundación Apache como un proyecto de *software* libre.

Thrift se compone de un lenguaje de definición (IDL) a través del cual se definen los servicios, diferentes protocolos de comunicación y transporte (**TProtocol** y **TTransport**) y de diferentes servidores donde se ejecutan los servicios.

Las herramientas de **Apache Thrift** permiten generar los ficheros en código fuente del cliente y el servidor en multitud de lenguajes: C, C++, Java, Python, Go, Node.js, Objective-C, PHP, Ruby y otros. Además, la comunicación entre el cliente y el servidor es independiente de los lenguajes utilizados en ambos extremos.

Recurso [ENG]

Sitio web del proyecto Apache Thrift.
https://thrift.apache.org/

El siguiente cuadro de código extraído de la web del proyecto muestra un ejemplo de código **Thrift** que define un servicio Calculadora con un método **add()** para sumar dos números y un método **calculate()** para realizar otros cálculos.

```
service Calculator extends shared.SharedService {

  i32 add(1:i32 num1, 2:i32 num2),

  i32 calculate(1:i32 logid, 2:Work w) throws (1:InvalidOperation ouch),

}
```

El código es similar al lenguaje C con algunas diferencias en los tipos de datos, ya que **Thrift** define los suyos propios.

2.2. Programación de diferentes tipos de acceso a servicios

Las siguientes subsecciones describen los patrones de diseño y la implementación de las aplicaciones orientadas a servicios web más frecuentes. En particular se explicarán los servicios basados en el patrón publicación/suscripción, los basados en repositorios, basados en el patrón proveedor/consumidor y los servicios web accesibles desde agentes de usuario.

La programación de aplicaciones orientadas a servicios web se explicará en el apartado 2.4. Implementación de aplicaciones con servicios web mediante Jakarta EE utilizando el lenguaje Java y la plataforma **Jakarta EE**.

2.2.1. Servicios basados en publicación/suscripción

El patrón publicación/suscripción es un tipo de patrón de *software* en el que los **publicadores** (de información) no tienen que preocuparse de enviar los mensajes a ningún receptor en concreto. Los receptores interesados en la información, llamados **suscriptores**, elijen aquellos temas de interés en los que desean tener información. Este patrón ofrece una gran escalabilidad, ya que el publicador evita tener que enviar los mensajes con información a cada uno de los receptores interesados.

En la web, el ejemplo más extendido de este tipo de servicios son los **agregadores de noticias** que a través de los formatos **RSS** (*Rich Site Summary* o *Really Simple Syndication*) y **ATOM** nos permiten estar al tanto de las últimas novedades publicadas en las web que utilizan estas tecnologías. Tanto RSS como ATOM están basados en XML. Los publicadores generan la información que quieren distribuir almacenándola en ficheros (de tipo RSS o ATOM) denominados *feed*. Los suscriptores utilizan aplicaciones de todo tipo (web, de escritorio, móviles…) agregando aquellos *feed* en los que están interesados. Lo habitual es que los publicadores dispongan de diferentes *feed* organizados en categorías. La aplicación consulta periódicamente y de forma automática el contenido del *feed* en busca de novedades notificando de ello al usuario.

Ilustración 10. Logotipo utilizado para indicar un feed RSS o ATOM.

En el ámbito de las aplicaciones orientadas a servicios web existen dos propuestas para estandarizar el patrón publicación/suscripción. Por un lado OASIS **Web Services Notification** (WSN) y por otro lado **WS-Eventing,** una propuesta enviada al W3C y realizada por desarrolladores de Microsoft.

Existen también diferentes API que implementan este patrón mediante un sistema de colas de mensajes (*Message Oriented Middleware* – MOM), los ejemplos más notables son:

- **JMS** (**Jakarta Messaging**). Forma parte de Jakarta EE y ofrece la posibilidad de crear, enviar, recibir mensajes de forma confiable, asegurando que el mensaje llega al destino; y asíncrona, de modo que el cliente pueda recibir mensajes sin que los solicite.

- **MSMQ** (**Microsoft Message Queuing**). Es un protocolo desarrollado por Microsoft que permite a aplicaciones distribuidas comunicarse entre sí de forma asíncrona a través de una red de comunicaciones heterogénea. Se encuentra presente en los sistemas operativos de Microsoft desde Windows NT 4.0, Windows 95 y Windows 98, hasta Windows Server 2012 y Windows 10.

- **AMQP** (**Advanced Message Queuing Protocol**). Este protocolo se ha aprobado como un estándar de Internet (ISO/IEC 19464) y también ha sido adoptado como un estándar de OASIS. Creado originalmente por John Ohara, en la actualidad involucra a empresas tecnológicas líderes, teniendo soporte en los principales sistemas operativos y proveedores de servicios en la nube.

2.2.2. Servicios basados en repositorios

Un **repositorio** es un **sistema *software* que almacena recursos**, habitualmente de una temática particular y clasificada utilizando metadatos, de modo que resulte fácil buscar información relevante a nuestros intereses. Las características que debe cumplir un repositorio para que sea escalable e interoperable son:

- **Soporte de estándares de metadatos**. La **web semántica** a través del lenguaje **OWL (Ontology Web Language)** ayuda a las aplicaciones informáticas a entender el significado (semántica) de los documentos.

- **Soporte de protocolos de intercambio de registros**. Estos protocolos permiten interoperar entre diferentes aplicaciones, agregando nuevo contenido o distribuyéndolo hacia otros repositorios. Ejemplos de estos protocolos son Z39.50, SWORD y OAI-PMH.

- **Identificadores permanentes de recursos**. Esto permite identificar los recursos de manera única y localizarlos en el repositorio. **DOI (Digital Object Identifier)** es un ejemplo de este tipo de identificadores muy empleado para referenciar la bibliografía científica.

- **Disponibilidad de API y servicios web**. Ello permite a terceros crear aplicaciones híbridas que integren los recursos del repositorio ofrecidos a través de esta interfaz.

Un ejemplo notable de este tipo de servicios de repositorios es el **proyecto español Agrega**. Agrega es una **federación de repositorios de contenidos educativos digitales**. Permite a docentes y alumnado en particular, y al público en general, buscar contenido educativo de su interés. El proyecto está siendo desarrollado por las comunidades autónomas y el Ministerio de Educación, junto con el organismo Red.es.

Cada entidad educativa dispone de un repositorio local de recursos que interactúa y se integra con el resto de repositorios de la federación. Los contenidos educativos utilizan estándares como IMS-DRI, SQI, SCORM para el empaquetado de objetos, LOM-ES para metadatos (basado en **Learning Object Metadata – LOM**), y otros muchos.

El objetivo de Agrega es la integración con otros repositorios a través de Internet para crear una federación transnacional de objetos educativos digitales.

Recurso

Web del proyecto Agrega.
http://www.agrega2.es

2.2.3. Servicios accesibles desde agentes de usuario

Un **agente de usuario** (*user agent*) es la interfaz que utiliza un usuario para acceder a la red en general o a Internet en particular. El agente de usuario puede tener diversas formas, un navegador web, una aplicación de escritorio, una *app* de un dispositivo móvil, un *display* en un electrodoméstico o en un vehículo, etcétera.

A lo largo de este libro hemos estudiado que la comunicación con un servicio web utiliza protocolos orientados a las máquinas y el formato de la información intercambiada (XML, JSON...) no es comprensible por los humanos.

Un mismo servicio puede ser accedido desde diferentes agentes de usuario. Por ejemplo, supongamos que tenemos disponible un servicio de información meteorológica que ofrece esta información para las diferentes localidades de un país. Para hacer uso de este servicio, podemos diseñar una página web utilizando tecnologías HTML, CSS y JavaScript para ofrecer al usuario una interfaz web de consulta de la predicción del tiempo de una localidad de su interés. Otra opción sería construir una aplicación móvil, bien para Android, iPhone o Windows Phone, que ofreciera una interfaz de este servicio en estos dispositivos. Podríamos seguir con más ejemplos: una aplicación de escritorio en cualquier sistema operativo, una extensión para los navegadores Mozilla Firefox o Google Chrome, un componente o *plugin* para algún portal o gestor de contenidos, etcétera.

Las interfaces de las aplicaciones deben ser adecuadas para su uso por parte de cualquier persona. Para ello, el W3C a través de la **WAI** (**Web Accesibiliity Initiative**) ofrece guías y estándares para el diseño accesible en la web.

2.2.4. Proveedores y consumidores de servicios en entorno servidor

El patrón de diseño productor/consumidor es muy empleado en el desarrollo de *software*. En el ámbito de la programación de servicios web podemos definir estos conceptos del siguiente modo:

- **Proveedor**: plataforma *software* que ofrece una interfaz o API para la invocación de servicios web.

- **Consumidor**: cualquier componente *software* que accede a un servicio web a través de la interfaz ofrecida por este.

En Internet existen numerosos proveedores de servicios web. Las grandes compañías, cada vez más, ponen a disposición de los desarrolladores herramientas, librerías o API que permiten construir e integrar sus contenidos en aplicaciones de terceros; a este tipo de aplicaciones se les conoce con el concepto de **mashup**. Un ejemplo de éxito de este modelo de desarrollo de *software* es Panoramio, una empresa española creada en 2005. Panoramio ofrecía, a través de una interfaz web, georreferenciar las fotografías que los usuarios subían a la plataforma y ser vistas a través de Google Earth. Google adquirió la compañía y la integró en los servicios de Google Maps en 2007.

El modelo de negocio más habitual es que los proveedores ofrezcan los servicios usando unos planes de precios que comienzan siendo gratuitos con un límite de interacciones a partir de las cuales el consumidor tiene que empezar a pagar. Esto permite a los desarrolladores integrar los servicios en su *software* a coste cero, de modo que les permita crecer y empezar a tener ingresos antes de que los gastos les superen.

 Recursos [ENG]

Páginas web de referencia para desarrolladores de las compañías más importantes.
Google: https://developers.google.com/
Amazon: https://developer.amazon.com/
Microsoft: https://developer.microsoft.com
Yahoo: https://developer.yahoo.com/
Facebook: https://developers.facebook.com/

Además de las API y servicios que ofrecen las grandes compañías, existen multitud de servicios disponibles para los usuarios creados por otras empresas o usuarios. Algunos ejemplos pueden ser las API ofrecidas por VirusTotal, Booking, organismos públicos, etcétera.

En el subepígrafe 2.4. Implementación de aplicaciones con servicios web mediante Jakarta EE, se verán ejemplos prácticos de creación de aplicaciones que consumen servicios web ofrecidos por terceros. Además, también se explicará cómo crear aplicaciones que proveen servicios web desarrollados por nosotros.

2.3. Herramientas para la programación de servicios web

En el desarrollo de este libro se han mencionado numerosas herramientas, bibliotecas y *frameworks* para el desarrollo de servicios web. Esta sección y sus subsecciones resumen las características más importantes de todas ellas.

Cuando nos referimos a la programación de servicios web estamos centrándonos en la implementación del lado del servidor de servicios que puedan ser consumidos o invocados por aplicaciones cliente. Sin embargo, también son interesantes las herramientas que ayudan al programador en la tarea de implementar código del lado cliente y por ello también las incluiremos en este análisis.

Antes de entrar en ello, es necesario explicar las principales plataformas y lenguajes de programación que se pueden emplear en el desarrollo de aplicaciones del lado servidor dado que los servicios web se implementarán y ejecutarán en estos entornos. Las más relevantes son:

- **Jakarta EE**. La plataforma **Jakarta EE** (Enterprise Edition) es un *framework* para la programación de aplicaciones web en servidor en el que se incluyen las tecnologías Jakarta Server Pages (JSP), Jakarta Faces (JSF), Jakarta Enterprise Bean, anteriormente Enterprise Java Bean (EJB), WebSocket, Jakarta Servlets y otras muchas. Para desplegar las aplicaciones desarrolladas con la plataforma Jakarta EE, es necesario un servidor que implemente las tecnologías de la plataforma Jakarta EE, como por ejemplo **GlashFish**. Otros *frameworks* basados en Jakarta EE serían **Spring** o **Struts**.

- **PHP**. Es el lenguaje más utilizado para aplicaciones web de tamaño medio, creado en 1994 por Rasmus Lerdorf, sus siglas significan PHP Hypertext Preprocessor. Es un lenguaje de *script* cuya sintaxis se asemeja a la de C. El código se escribe entre etiquetas embebidas en el lenguaje HTML que son interpretadas por un motor de PHP (Zend Engine). A partir de la versión 5 se incorporó al lenguaje el soporte de orientación a objetos. Además, un gran conjunto de herramientas disponibles en la web están escritas en PHP (Joomla, Drupal, Wordpress, Prestashop, etc.) por lo que conocer este lenguaje facilita la labor en aquellas aplicaciones que requieran de su integración. También dispone de *frameworks* que permiten crear aplicaciones empresariales de mayor envergadura, los más exitosos son **Laravel**, **Nette**, **Symfoni 2**, **Yii 2**, **Code Igniter** y **Zend Framework 2**.

- **Plataforma .NET**. La plataforma .NET era hasta hace poco exclusiva de Microsoft pero la liberación de la especificación ha permitido que puedan surgir implementaciones libres para plataformas GNU/Linux como el **proyecto Mono,** aunque estas a veces no implementan las características de las últimas versiones. En .NET es posible programar componentes en diferentes lenguajes (C#, Visual Basic .NET, J#, etc.) e incluso mezclar los componentes desarrollados con diferentes tecnologías para que interactúen entre sí.

- **Python-Django**. Esta plataforma de desarrollo escrita en Python sigue el patrón MVC (Modelo-Vista-Controlador). El desarrollo del *framework* se lleva a cabo por la Django Software Foundation.

- **Ruby on Rails**. Es un entorno creado específicamente para el desarrollo de aplicaciones web, tiene tantos seguidores como detractores. Fue creado en 2003 por David Heinemeier Hanson.

- **Node.js**. Es un entorno basado en JavaScript que se ejecuta sobre la máquina V8 de Chrome. Además, proporciona una librería para que las aplicaciones actúen como servidores web por lo que no es necesario tener uno específico instalado.

- **Golang**. El lenguaje **Go** o **golang** es un lenguaje de reciente creación (2009) desarrollado en Google por dos de los pioneros de la informática, Robert Pike y Ken Thompson, creadores del sistema operativo Unix y del lenguaje de programación C. Es totalmente compilado y el rendimiento que muestra en los test (*benchmarks*) se acerca bastante al de C. Las expectativas que ofrece Go son elevadas y cada vez hay más desarrolladores que apuestan por él. Además de la API del lenguaje, existen multitud de librerías desarrolladas por terceros que permiten escribir aplicaciones web de forma más o menos sencilla. Las aplicaciones web hechas en Go no necesitan tener instalado ningún servidor HTTP específico puesto que los ejecutables llevan incorporado el suyo propio. Algunos *frameworks* para el desarrollo web en Go son **Gin**, **Fiber** y **Chi**.

La mayoría de estas plataformas y lenguajes disponen de soporte para la programación de servicios web, ya sea en las librerías que se distribuyen de forma nativa o a través de librerías de terceros. No entraremos a analizar todas ellas, puesto que sería una labor demasiado extensa. En función de las necesidades de desarrollo y de las características deseadas del lenguaje de programación, se puede investigar el soporte que dicho lenguaje tiene para servicios web SOAP y REST.

2.3.1. Comparativa

Los criterios recomendables que se deben analizar para ayudar a decidir qué librería o *framework* escoger para el desarrollo de servicios web son:

- **Interoperabilidad**. Es muy importante que la implementación respete los estándares para garantizar una interoperabilidad plena entre diferentes plataformas.

- **Necesidades del servicio**. Un aspecto fundamental que hay que tener en cuenta es saber cuáles son las necesidades de los servicios web que implementaremos. Si estos requieren de elementos que garanticen la seguridad, integridad, autenticidad, calidad de las comunicaciones o la integración con otros servicios empresariales, entre otros, debemos considerar aquella que ofrezca mejor soporte para todas ellas.

- **Generación de código**. Un elemento importante es la posibilidad de generar código, tanto de cliente como de servidor, que automatice el acceso y/o la creación de los servicios web. Por ejemplo, hay herramientas que a partir de un documento de descripción del servicio pueden crear el código necesario para consumir dicho servicio o para implementarlo en el lado del servidor.

- **Multiplataforma**. Esta característica puede ser interesante si desarrollamos proyectos para diferentes plataformas, ya que nos permite generar el código necesario para crear o invocar servicios web en diferentes lenguajes de programación.

- **Pruebas**. Las pruebas son una parte del desarrollo a la que hay que dedicar bastante tiempo. Si se disponen de buenas herramientas de pruebas, es posible optimizar y obtener un mejor rendimiento en el desarrollo del *software*.

2.3.2. Bibliotecas y entornos integrados (*frameworks*) de uso común

El número de librerías y *frameworks* de desarrollo es extenso y está en constante evolución. Es bastante difícil hacer un análisis concreto, ya que posiblemente en unos pocos meses aparezcan nuevas herramientas más potentes y versátiles, y otras desaparezcan o dejen de tener soporte.

En el apartado 2.3. Herramientas para la programación de servicios web, se presentaron los principales lenguajes y plataformas de programación del lado servidor y, como ya se dijo, la gran mayoría de ellas disponen de librerías, bien propias o de terceros, para el desarrollo de servicios web, por lo que no entraremos a analizar las características específicas de cada uno de ellos.

La Tabla 3 muestra un listado de las librerías más conocidas para el desarrollo de servicios web SOAP y REST.

Tabla 3. Resumen de las características de diferentes librerías y *frameworks* para el desarrollo de servicios web

Librerías y *frameworks*	SOAP	REST	Lenguajes
Apache Axis 1	Sí	No	Java y C++
Apache Axis 2	Sí	Sí	Java y C
Apache CXF	Sí	Sí	Java
WildFly	Sí	Sí	Java
Restlet Framework	No	Sí	Java
RAML	No	Sí	Multiplataforma
Swagger	No	Sí	Multiplataforma

Destacan varios proyectos de la fundación Apache, Axis 1 y Axis 2. El segundo de ellos es un rediseño completo del primero, mientras que Apache CXF surge de la fusión de dos proyectos anteriores (Celtix y XFire). WildFly, anteriormente conocido como JBoss AS (*Application Server*), es una implementación de la empresa RedHat del *framework* Jakarta EE y que dispone de sus mismas características. Por último, Restlet, RAML y Swagger fueron mencionadas en el subepígrafe 1.4.2. Lenguajes de definición de servicios: el estándar WSDL, WADL, RAML, Open API Specification y API Blueprint, y son *frameworks* que permiten crear servicios web a partir de la descripción del mismo; en este caso, su uso está orientado a servicios de tipo REST.

Recursos [ENG]
Listado de páginas web de bibliotecas y frameworks de servicios web.
Apache Axis 1 y 2: http://axis.apache.org/
Apache CXF: https://cxf.apache.org/
WildFly: http://wildfly.org/
Restlet Framework: https://restlet.talend.com/
RAML: http://raml.org/
Swagger: http://swagger.io/tools/

En la siguiente sección se explicará cómo desarrollar aplicaciones orientadas a servicios utilizando la plataforma Jakarta EE y el IDE Netbeans.

2.4. Implementación de aplicaciones con servicios web mediante Jakarta EE

El uso de Jakarta EE está ampliamente extendido para la programación de aplicaciones empresariales de todo tipo. A partir de la versión Java EE 8, Oracle liberó el proyecto a la comunidad de *software* libre y lo cedió a la fundación Eclipse que renombró el proyecto a Jakarta EE.

La plataforma abarca un conjunto de tecnologías muy extenso que, en el caso de la implementación de aplicaciones mediante servicios web, tiene como referente las dos siguientes:

- **JAX-WS**. La tecnología **Jakarta XML Web Services** (JAX-WS) permite implementar servicios web y clientes que accedan a servicios web que estén basados en SOAP de una manera interoperable. Es posible crear clientes que consuman servicios web que no estén ejecutándose en una plataforma Java y viceversa. Esta tecnología permite al programador abstraerse de la complejidad de las comunicaciones entre cliente y servidor, ya que es ella la encargada de transformar todos los mensajes XML necesarios en las comunicaciones SOAP. La implementación de JAX-WS soporta el WS-I Basic Profile 1.2 y 2.0, entre otros.

- **JAX-RS**. La tecnología **Jakarta RESTful Web Services** (JAX-RS) permite implementar servicios web RESTful. La utilización de esta librería se hace en su mayor parte por medio de **anotaciones**. Las ventajas que aporta son similares a las mencionadas para JAX-WS.

Recurso [ENG]

Sitio web del proyecto Jakarta EE.
https://jakarta.ee/

Un aspecto importante desde el punto de vista del programador es cómo se realiza el mapeo entre los tipos de datos definidos en XML y los tipos de datos disponibles en Java. Este mapeo se encuentra definido por la especificación **JAXB** (**Jakarta XML Binding**). La Tabla 4 muestra el mapeo de tipos de datos XML Schema a Java definido en JAXB.

Tabla 4. Mapeo de tipos XML Schema a tipos Java definido en JAXB

Tipo XML Schema	Tipo Java
xsd:string	java.lang.String
xsd:integer	java.math.BigInteger
xsd:int	int
xsd.long	long
xsd:short	short
xsd:decimal	java.math.BigDecimal
xsd:float	float
xsd:double	double
xsd:boolean	boolean
xsd:byte	byte
xsd:QName	javax.xml.namespace.QName
xsd:dateTime	javax.xml.datatype.XMLGregorianCalendar
xsd:base64Binary	byte[]
xsd:hexBinary	byte[]
xsd:unsignedInt	long
xsd:unsignedShort	int
xsd:unsignedByte	short
xsd:time	javax.xml.datatype.XMLGregorianCalendar
xsd:date	javax.xml.datatype.XMLGregorianCalendar

Continúa en la página siguiente

Tipo XML Schema	Tipo Java
xsd:g	javax.xml.datatype.XMLGregorianCalendar
xsd:anySimpleType	java.lang.Object
xsd:anySimpleType	java.lang.String
xsd:duration	javax.xml.datatype.Duration
xsd:NOTATION	javax.xml.namespace.QName

La Tabla 5 muestra el mapeo de clases Java a los tipos de datos XML Schema. También es posible utilizar las colecciones Java del API *Collections* sobre los tipos soportados por JAXB.

Tabla 5. Mapeo de tipos de datos Java a XML definidos en JAXB

Clase Java	Tipo de dato XML
java.lang.String	xs:string
java.math.BigInteger	xs:integer
java.math.BigDecimal	xs:decimal
java.util.Calendar	xs:dateTime
java.util.Date	xs:dateTime
javax.xml.namespace.QName	xs:QName
java.net.URI	xs:string
javax.xml.datatype.XMLGregorianCalendar	xs:anySimpleType
javax.xml.datatype.Duration	xs:duration
java.lang.Object	xs:anyType
java.awt.Image	xs:base64Binary
javax.activation.DataHandler	xs:base64Binary
javax.xml.transform.Source	xs:base64Binary
java.util.UUID	xs:string

Las siguientes secciones explican con ejemplos prácticos la implementación de servicios web SOAP y REST empleando JAX-WS y JAX-RS respectivamente, utilizando el IDE Netbeans; pero antes, en esta sección, se explicará qué herramientas es necesario descargar e instalar para desarrollar los ejemplos y los ejercicios. Si el lector desea más información sobre las posibilidades que ofrece Jakarta EE, es recomendable consultar el tutorial de referencia del mismo.

Lectura recomendada [ENG]

Tutoriales de referencia de Jakarta EE.
https://eclipse-ee4j.github.io/jakartaee-tutorial/

Instalación de las herramientas de desarrollo necesarias

Las herramientas necesarias son: el entorno de desarrollo de Java (JDK) en su versión Enterprise Edition (EE) y el IDE Netbeans junto con el servidor GlashFish. En la *UF1844 Desarrollo de Aplicaciones web en el entorno servidor,* se explicó cómo preparar y configurar el IDE, descargar e instalar el servidor GlassFish y la base de datos DB Derby. A continuación, volvemos a presentar los aspectos más importantes de este proceso.

Entorno de desarrollo de Java (JDK)

El Java Development Kit (JDK) es necesario para compilar y ejecutar aplicaciones Java. Debe ser instalado antes que el IDE Netbeans. Previamente, deberemos comprobar qué versión del JDK está soportada por la versión de Netbeans que deseamos instalar para no tener problemas.

Recurso

Página de descargas de la plataforma Java SE.
https://www.oracle.com/java/technologies/downloads/

Accederemos a la página de descargas de la plataforma Java SE y elegiremos la última versión del JDK. Se nos mostrará una página con las distintas versiones para el sistema operativo deseado. Una vez descargado el paquete, ejecútelo y siga las instrucciones del instalador hasta finalizar la instalación.

Lectura recomendada

Descargar e Instalar Java JDK.
https://oregoom.com/java/java-development-kit/

IDE Netbeans y servidor GlashFish

El siguiente paso es instalar el IDE Netbeans.

Recurso

Página de descargas del IDE Netbeans.
https://netbeans.org/downloads/

Accederemos a la web de descargas y seleccionaremos el paquete que contiene todos los elementos (**All**) de algo más de 200 MB de tamaño. Una vez descargado el fichero, el proceso de instalación requiere de unos pocos minutos. Durante este proceso se nos mostrará la ruta en la que se encuentra la instalación del JDK si se ha realizado el paso anterior correctamente.

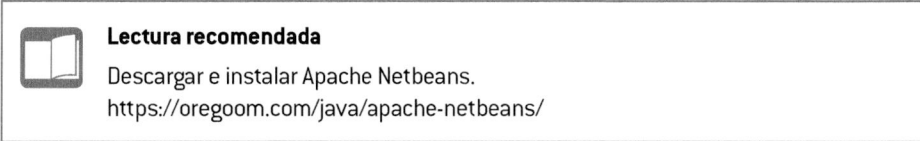

Lectura recomendada
Descargar e instalar Apache Netbeans.
https://oregoom.com/java/apache-netbeans/

Para añadir el servidor GlassFish, nos iremos a la ventana **Services** de Netbeans y haremos clic derecho sobre el elemento **Servers** → **Add server**. Elegiremos alguna de las versiones de GlassFish 7, que soporta completamente la implementación de Jakarta EE 10.

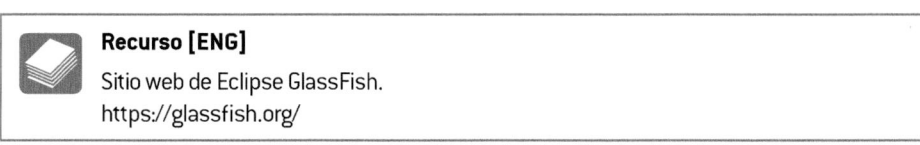

Recurso [ENG]
Sitio web de Eclipse GlassFish.
https://glassfish.org/

2.4.1. Acceso y programación de servicios web basados en SOAP con JAX-WS

En esta sección se explica cómo implementar aplicaciones clientes, es decir, que consuman un servicio web, y también como implementar un servicio web que utilice como base de comunicación el protocolo SOAP, empleando la tecnología **JAX-WS** (**Jakarta XML Web Services**).

Programación de aplicaciones clientes de servicios web con JAX-WS

Un cliente de un servicio web es un componente *software* capaz de comunicarse con este. Las características del componente *software* pueden ser muy diversas, puede ser una aplicación móvil, un *servlet* de Java, una aplicación Java de escritorio, otro servicio web, etcétera.

Principalmente, existen dos formas de acceder o invocar servicios con JAX-WS:

- **Creando clases de gestión del servicio web**. En Jakarta EE el comando *wsimport* permite generar de manera automática las clases necesarias para la comunicación con el servicio web a partir de un documento de descripción del mismo (WSDL), a las clases generadas se las denomina **stub**. Si nuestra plataforma no dispusiera de una utilidad como esta, tendríamos que crear manualmente estas clases.

- **Utilizando la interfaz de invocación dinámica** (DII – *Dynamic Invocation Interface*). Este mecanismo permite crear llamadas al servicio web sin necesidad de crear una clase intermedia para ello. Este mecanismo es útil en los casos en los que el servicio web no disponga de un documento de descripción del servicio (WSDL) o se desconozca la interfaz del mismo.

Para el ejemplo se hará uso del servicio web **Temperature Conversions** disponible en el sitio de Internet de **daehosting.com** en la siguiente URL:

```
http://webservices.daehosting.com/services/TemperatureConversions.wso
```

El servicio **Temperature Conversions** permite convertir temperaturas Celsius en Fahrenheit y viceversa.

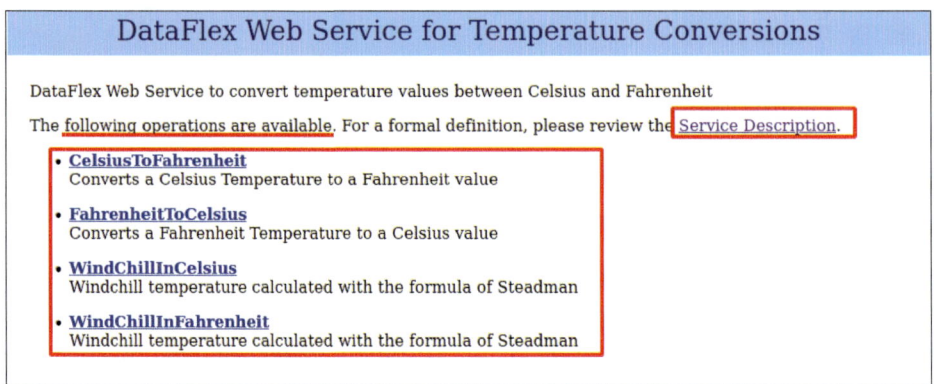

Ilustración 11. Imagen del sitio web del servicio Temperature Conversions
en http://webservices.daehosting.com/services/TemperatureConversions.wso.

La Ilustración 11 muestra la web del servicio con un enlace a la ruta para acceder al documento WSDL de descripción (*Service Description*). También ofrece una interfaz para probar los métodos disponibles. Por ejemplo, si accedemos a la operación **CelsiusToFahrenheit,** veremos una descripción del servicio, un formulario para testarlo y los mensajes que se envían y reciben en cada uno de los protocolos de comunicación soportados por este servicio (SOAP 1.1, SOAP 1.2 y JSON), como se puede observar en la Ilustración 12.

En primer lugar, crearemos una **aplicación Java de escritorio** que ilustre de manera sencilla la implementación del cliente, y posteriormente implementaremos **una aplicación web con un *servlet*** de Java que mostrará el acceso a este servicio web externo.

DataFlex Web Service for Temperature Conversions

Click here for a complete list of operations.

CelsiusToFahrenheit

Converts a Celsius Temperature to a Fahrenheit value

Test

To test the operation using the HTTP POST protocol, click the 'Invoke' button.

Parameter	Value
nCelsius	

Invoke

To view the output in JSON format, click here.

SOAP 1.1

The following is a sample SOAP 1.1 request and response. The placeholders shown need to be replaced with actual values.

```
POST /services/TemperatureConversions.wso HTTP/1.1
Host: webservices.daehosting.com
Content-Type: text/xml; charset=utf-8
Content-Length: length

<?xml version="1.0" encoding="utf-8"?>
<soap:Envelope xmlns:soap="http://schemas.xmlsoap.org/soap/envelope/">
  <soap:Body>
    <CelsiusToFahrenheit xmlns="http://webservices.daehosting.com/temperature">
      <nCelsius>decimal</nCelsius>
    </CelsiusToFahrenheit>
  </soap:Body>
</soap:Envelope>
```

Ilustración 12. Detalle de la operación de conversión de temperaturas Celsius en Fahrenheit.

Aplicación Java de escritorio para acceder al servicio web Temperature Conversions

Comenzamos creando el proyecto Netbeans *EjemploClienteSOAPJava* en el menú *File → New Project*, escogiendo la categoría *Java with Ant → Java Application*.

A continuación, deberemos generar las clases que nos permitan trabajar con el servicio web. Esto se puede hacer desde Netbeans, hacemos clic *File → New File* y seleccionaremos la opción *Web Service Client* disponible en la categoría *Web Services* (véase Ilustración 13).

Pulsamos *Next*, y se nos mostrará una ventana

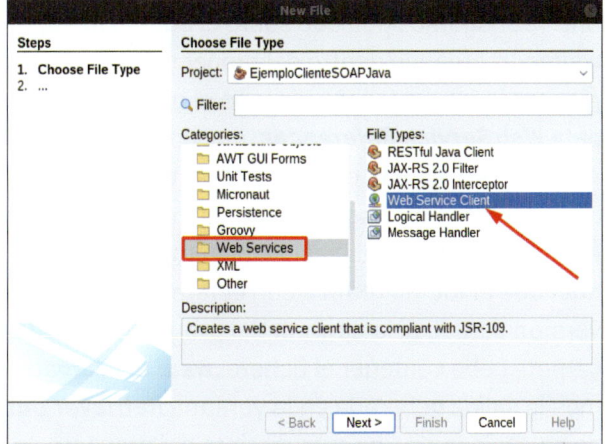

Ilustración 13. Generar un cliente de servicio web en Netbeans.

97

(véase Ilustración 14), donde introduciremos la URL en la que se encuentra accesible el documento WSDL del servicio y un nombre de paquete Java donde se generarán las clases.

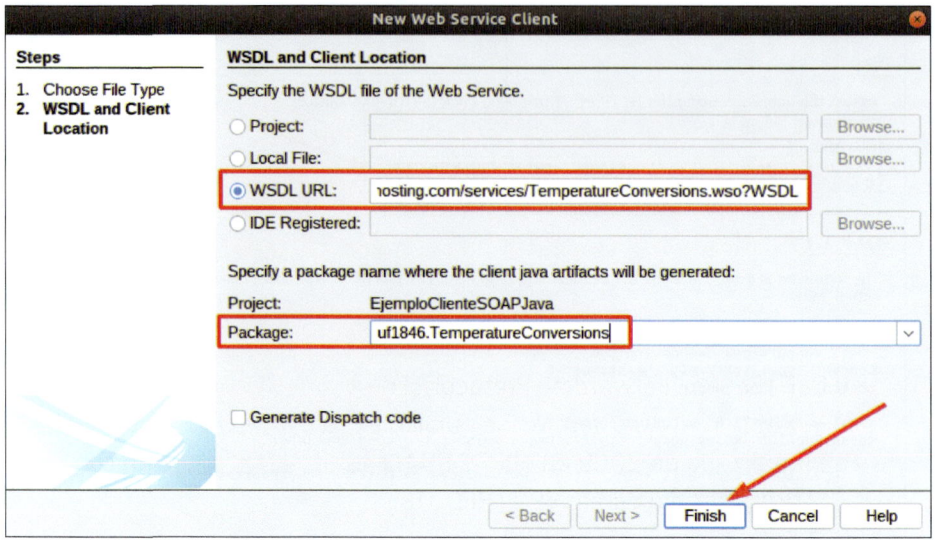

Ilustración 14. Ventana para indicar la ruta al documento WSDL del servicio web y paquete Java donde almacenar las clases generadas.

El nombre del paquete que se ha utilizado es *uf1846.temperatureconversions* y la URL del documento WSDL es la siguiente:

http://webservices.daehosting.com/services/TemperatureConversions.wso?WSDL

Una vez hayamos pulsado sobre el botón *Finish,* el IDE ejecutará la herramienta *wsimport* creando dentro del proyecto una carpeta llamada *Generated Sources (jax-ws),* donde encontraremos el paquete con las clases generadas, y la carpeta *Web Service References,* que contendrá las referencias a los servicios web a los que se accede en este proyecto. Es probable que el IDE muestre alguna advertencia (*warning*) durante el análisis del fichero WSDL, pero no es necesario realizar ninguna acción. Sin embargo, sí debemos realizar una acción manual que el IDE no realiza correctamente, posiblemente debido a un *bug* en la versión actual, si la carpeta del proyecto *META-INF.wsdl* aparece en gris. Esta carpeta debe contener el fichero *.wsdl* descargado del servicio web. Si observamos la salida generada en la ventana *Retriever Output,* vemos que este fichero se ha copiado en una ruta distinta del proyecto en el interior de la carpeta *xml-resources*:

Debemos copiar la carpeta que hay en el interior de **xml-resources/web-service-
references/TemperatureConversions/wsdl/** en **src/META-INF/wsdl/**. La Ilustración 15 muestra el antes y el después del proyecto tras aplicar la corrección.

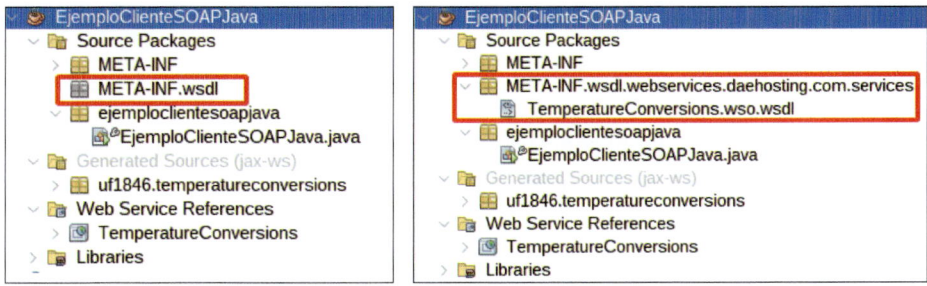

Ilustración 15. Estado de la carpeta META-INF.wsdl del proyecto antes (izquierda)
y después (derecha) de aplicar la corrección manual

A continuación, observaremos el código Java generado automáticamente a
partir de la descripción del servicio. Las clases Java generadas las encontramos en la carpeta **Generated Sources (jax-ws)**. De todas ellas mencionaremos
dos:

- **TemperatureConversions.java**. Es la clase que representa el servicio web y
a través de la cual el cliente accede al mismo. Podemos identificarla porque
extiende de la clase **javax.xml.ws.Service**.

- **TemperatureConversionsSoapType.java**. Contiene los métodos necesarios
para hacer la llamada al servicio web empleando el protocolo SOAP. Este objeto se obtiene a través del método **getTemperatureConversionsSoap()** del
objeto **TemperatureConversions**. El método **celsiusToFahrenheit()** es el
que utilizará el cliente para solicitar al servicio web que realice la conversión
de temperatura de grados Celsius en grados Fahrenheit. Además, contiene
los demás métodos para realizar las llamadas al resto de operaciones disponibles en este servicio web.

El siguiente bloque muestra el código de la función **main** de la aplicación Java
que invoca al servicio **TemperatureConversions** a través de las clases **stub** generadas.

```
public class EjemploClienteSOAPJava {
  public static void main(String[] args) {
    TemperatureConversions servicioWeb = new TemperatureConversions();
    TemperatureConversionsSoapType servicioWebSoap = servicioWeb.
getTemperatureConversionsSoap();
    BigDecimal tempF = servicioWebSoap.celsiusToFahrenheit(BigDecimal.
valueOf(40.5));

    System.out.println("--------CONSULTA A SERVICIO WEB ------------------");
    System.out.println("Conversión de temperatura: 40.5ºC son "+ tempF+"ºF");
  }
}
```

El primer paso es invocar al constructor de la clase **TemperatureConversions**. A continuación, por medio de esta clase se obtiene acceso al servicio web utilizando el protocolo SOAP a través del método **getTemperatureConversionsSoap()** que devuelve un objeto **TemperatureConversionsSoapType**. El método **celsiusToFahrenheit()** del objeto anterior es el que utilizaremos para obtener la conversión que deseamos. Esta función recibe como parámetro un objeto de tipo **BigDecimal** y devuelve la temperatura convertida en un objeto de ese mismo tipo. En el ejemplo, estamos solicitando al servicio web que nos convierta 40.5 ºC. Al ejecutar la aplicación, el mensaje mostrado por pantalla será el siguiente:

```
--------CONSULTA A SERVICIO WEB ------------------
Conversión de temperatura: 40.5ºC son 104.9ºF
```

Los conceptos que se han visto aquí se pueden utilizar para acceder a servicios web desde otro tipo de aplicaciones, como podría ser una aplicación **Swing** o **JavaFX** de Java. El siguiente apartado explica cómo implementar la aplicación cliente en el interior de una aplicación web mediante un **servlet**.

Aplicación web Jakarta EE para acceder al servicio web TemperatureConversions

Creamos el proyecto **EjemploClienteSOAPServlet** en el menú *File —> New Project* seleccionando la categoría **Java with Maven** → **Web Application**. Seleccionamos el servidor GlassFish 7 con soporte para la versión Jakarta EE 10 Web. Si no lo tenemos creado, se puede crear durante el proceso de creación del proyecto.

Procedemos a crear un nuevo fichero **Web Service Client** de forma similar al proyecto anterior, facilitando la URL al fichero WSDL del servicio web Temperature

Conversions. La versión 20 de Netbeans muestra un error relacionado con la herramienta *wsimport*.

```
Failed to execute goal org.jvnet.jax-ws-commons:jaxws-maven-plugin:2.3:wsimport
```

Para solventarlo, en el fichero **pom.xml** debemos añadir el *plugin* adecuado para gestionar la creación de servicios web SOAP para el JDK 17. A continuación, se muestran las líneas que se deben verificar y añadir. Debemos sustituir las líneas:

```
<plugin>
  <groupId>org.jvnet.jax-ws-commons</groupId>
  <artifactId>jaxws-maven-plugin</artifactId>
  <version>2.3</version>
    . . .
```

por las siguientes:

```
<plugin>
  <groupId>com.sun.xml.ws</groupId>
  <artifactId>jaxws-maven-plugin</artifactId>
  <version>4.0.1</version>
    . . .
```

Recargamos el POM y recompilamos el proyecto (**Run → Clean and Build**). Tras esto, se habrán generado las clases necesarias para gestionar el servicio web en la carpeta **Generated Sources**.

Continuamos con el desarrollo de la aplicación web editando el fichero **index.html** para crear la interfaz de la página web que permita a los usuarios interactuar con el conversor de temperaturas. La interfaz constará de un formulario con un cuadro de texto y dos desplegables para seleccionar la unidad de conversión origen y destino. La Ilustración 16 muestra un ejemplo de cómo sería esta interfaz.

Ilustración 16. Interfaz web de la aplicación EjemploClienteSOAPServlet.

A continuación, se muestra el bloque de código del fichero *index.html*.

```html
<!DOCTYPE html>
<html>
  <head>
    <title>Conversor de temperaturas</title>
    <meta charset="UTF-8">
    <meta name="viewport" content="width=device-width, initial-scale=1.0">
  </head>
  <body>
    <h1>Conversor de temperaturas</h1>
    <form name="ConversorTemperaturas" action="ServletConversor">
      Valor: <input type="text" name="valor" value="0" /> <br>
      Conversion: <select name="fromTemps">
        <option>Celsius - Fahrenheit</option>
        <option>Fahrenheit - Celsius</option>
      </select> <br>
      <input type="submit" value="Enviar" name="enviar" />
    </form>
  </body>
</html>
```

El atributo **action** del formulario hace referencia al *servlet* **ServletConversor** que se encargará de hacer la conversión de las temperaturas consultando al servicio web. Para crearlo haremos clic con el botón derecho del ratón sobre el proyecto y seleccionamos la opción **New → Servlet**. En la ventana completamos los datos, la localización será **Source Packages** y el nombre del paquete **servletconversor**. La clase *servlet* creada tendrá errores debido a que las sentencias **import** son incorrectas, ya que hacen referencia al paquete *javax*. Debemos borrarlas y corregir los **import** adecuados relativos al paquete *jakarta*.

```java
package servletconversor;

import jakarta.servlet.ServletException;
import jakarta.servlet.http.HttpServlet;
import jakarta.servlet.http.HttpServletRequest;
import jakarta.servlet.http.HttpServletResponse;
```

El código donde realizaremos las llamadas al servicio web estará incluido en el método **processRequest** del *servlet*. El método deberá obtener los parámetros recibidos por el formulario con el método **getParameter()** del objeto **Http-ServletRequest**.

Para simplificar la llamada al servicio web, crearemos dos métodos privados que realizarán la conversión de Celsius en Fahrenheit y viceversa:

```
private double celsiusToFahrenheit(double valor) {
    TemperatureConversions servicioWeb = new TemperatureConversions();
    TemperatureConversionsSoapType servicioWebSoap = servicioWeb.
getTemperatureConversionsSoap();
    BigDecimal temp = servicioWebSoap.celsiusToFahrenheit(BigDecimal.valueOf(valor));
    return temp.doubleValue();
}

private double fahrenheitToCelsius(double valor) {
    TemperatureConversions servicioWeb = new TemperatureConversions();
    TemperatureConversionsSoapType servicioWebSoap = servicioWeb.
getTemperatureConversionsSoap();
    BigDecimal temp = servicioWebSoap.fahrenheitToCelsius(BigDecimal.valueOf(valor));
    return temp.doubleValue();
}
```

Ya solo queda que el *servlet* recoja los valores del formulario, realice la conversión llamando a la función adecuada y muestre el resultado en la web. El código final del *servlet* se muestra en el siguiente bloque.

```
protected void processRequest(HttpServletRequest request, HttpServletResponse response)
    throws ServletException, IOException {
    response.setContentType("text/html;charset=UTF-8");

    //Obtención de los parámetros del formulario
    double valor = Double.parseDouble((String) request.getParameter("valor"));
    String fromTemps = request.getParameter("fromTemps");
    double resultado = -1;

    //Llamada al servicio web
    switch(fromTemps){
      case "Celsius - Fahrenheit" ->
        resultado = celsiusToFahrenheit(valor);
      case "Fahrenheit - Celsius" ->
        resultado = fahrenheitToCelsius(valor);
    }
```

Continúa en la página siguiente

```
//Construimos el mensaje de salida
String mensaje = "Conversión: "+valor+fromTemps.split(" ")[0]+" equivalen a
"+resultado+fromTemps.split(" ")[2];

try (PrintWriter out = response.getWriter()) {
  /* TODO output your page here. You may use following sample code. */
  out.println("<!DOCTYPE html>");
  out.println("<html>");
  out.println("<head>");
  out.println("<title>Servlet ServletConversor</title>");
  out.println("</head>");
  out.println("<body>");
  out.println("<h1>Servlet ServletConversor at " + request.getContextPath() + "</h1>");
  out.println("<div>"+mensaje+"</div>");
  out.println("</body>");
  out.println("</html>");
  }
}
```

El resultado de la conversión se muestra en el navegador en formato HTML (Ilustración 17), la variable **mensaje** almacena este resultado.

Servlet ServletConversor at /EjemploClienteSOAPServlet

Conversión: 40.0Celsius equivalen a 104.0Fahrenheit

Ilustración 17. Resultado de la conversión de temperaturas ofrecido por el ServletConversor.

Programación de servicios web con JAX-WS

Hasta ahora se ha estudiado cómo se puede programar el acceso a servicios web utilizando JAX-WS. El siguiente paso será estudiar **cómo crear nuestro propio servicio web** para que pueda ser consumido por cualquier cliente empleando SOAP. Para lograrlo existen dos opciones de diseño:

1. Implementar el servicio web en una clase Java y generar el documento WSDL a partir de ella.

2. Escribir el documento WSDL de descripción del servicio y los ficheros XML Schema que describan los tipos de datos utilizados y generar las clases Java a partir de estos.

Ambas aproximaciones tienen sus ventajas e inconvenientes. La primera opción es la más inmediata y sencilla de llevar a cabo por el desarrollador; sin embargo, podría dar problemas en caso de utilizar tipos de datos complejos. Si lo que queremos es garantizar una alta interoperabilidad del servicio web es recomendable utilizar la segunda opción. En este libro nos centraremos en explicar la primera opción.

La clase que implementa el servicio web, denominada también **Service Endpoint Interface** (SEI), debe cumplir una serie de requisitos, los más importantes son:

- La clase debe tener la anotación **jakarta.jws.WebService** o **jakarta.jws.WebServiceProvider**.

- La clase puede definir el SEI a través del elemento **endpointInterface** de la anotación **@WebService,** pero esto no es necesario. Si no se especifica, la clase contiene el SEI implícitamente.

- Los métodos del servicio deben ser **public** y no pueden declararse **static** ni **final**.

- Los métodos del servicio deben anotarse con **jakarta.jws.WebMethod**.

- Los métodos del servicio deben tener parámetros y tipos de retorno compatibles con la especificación JAXB.

- La clase no puede declarase **final** y no puede ser **abstract**.

- La clase debe tener un constructor **public** por defecto.

- La clase no debe implementar el método **finalize**.

Para demostrar cómo crear un servicio web con JAX-WS, implementaremos un ejemplo que permita validar un DNI y calcular la letra que se corresponde con los dígitos de un DNI. El servicio dispondrá de las siguientes operaciones:

- **validarDNI**. Esta operación recibe una cadena de caracteres con los dígitos y la letra del DNI, y devolverá verdadero si el valor es correcto y falso en caso contrario.

- **letraDNI**. Esta operación recibe una cadena de caracteres con los ocho dígitos del DNI y devolverá la letra que se corresponde con estos dígitos.

La clase que implementa el servicio web es una clase Java cualquiera. Para poder desplegarla en el servidor GlassFish de manera sencilla y que esté disponible para hacer las pruebas pertinentes, la crearemos en el interior de un proyecto **Java Web Application** de Netbeans.

Creamos el proyecto **EjemploServicioWebDNI** en la opción de menú **File → New Project** seleccionando el tipo de proyecto en la categoría **Java with Maven → Web**

Application. A continuación crearemos el servicio web haciendo clic con el botón derecho del ratón sobre el proyecto y seleccionando la opción **New → Other → Web Services → Web Service**. El nombre que le daremos al servicio será **ServicioDNI** y pertenecerá al paquete **uf1846.serviciodni**. La opción que seleccionaremos es la de crear el servicio desde cero (**Create Web Service from Scratch**). La Ilustración 18 muestra el contenido de esta ventana en el IDE Netbeans.

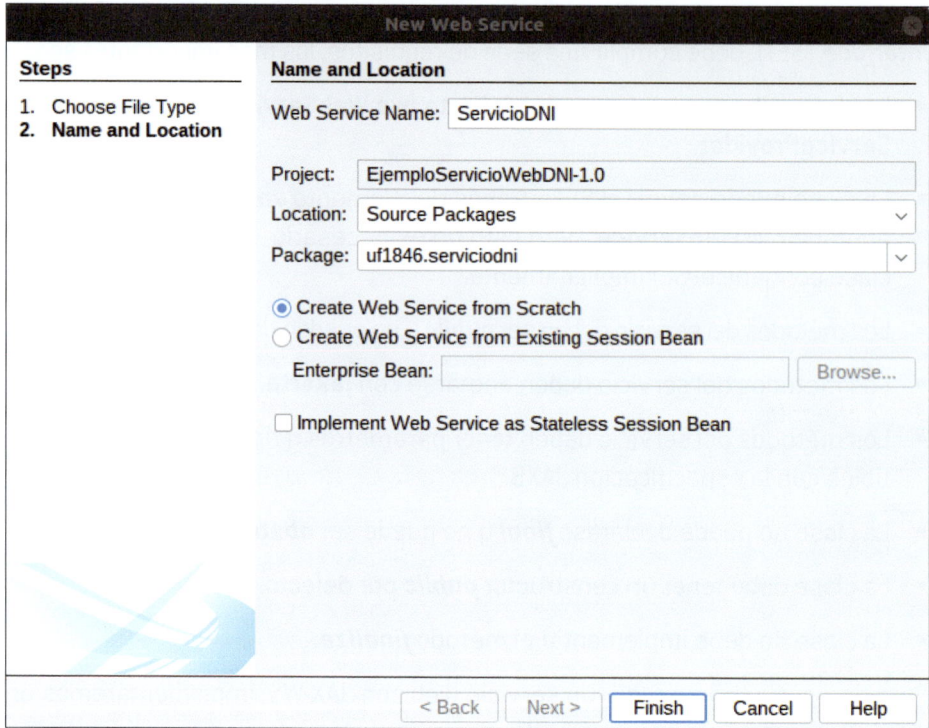

Ilustración 18. Ventana de Netbeans que muestra la creación de un nuevo servicio web.

Una vez hayamos pulsado el botón **Finish** se creará la clase **ServicioDNI.java** en el interior del paquete correspondiente de la carpeta **Source Packages**. Es probable que se muestren errores debido a los **import** erróneos de forma similar al proyecto explicado anteriormente. Lo solucionamos eliminándolos y añadiendo las nuevas referencias al paquete **jakarta**.

```
import jakarta.jws.WebMethod;
import jakarta.jws.WebParam;
import jakarta.jws.WebService;
```

La clase tendrá una implementación por defecto con un método **hello()** que tiene un parámetro **String** y que devuelve otro **String** con un saludo. El código de la clase es bastante descriptivo y ayuda a entender cómo se implementa el servicio web con JAX-WS.

El siguiente paso será implementar las dos operaciones que queremos que tenga el servicio web, **validarDNI** y **letraDNI**. Para ello, es necesario saber cómo se valida el DNI y el procedimiento que se sigue para calcular la letra del mismo. Esta información se explica en la web del Ministerio del Interior.

Recurso

Cálculo del dígito de control del DNI y NIF en la web del Ministerio del Interior.
https://www.interior.gob.es/opencms/es/servicios-al-ciudadano/tramites-y-gestiones/dni/calculo-del-digito-de-control-del-nif-nie/

El siguiente bloque de código muestra la implementación completa de la clase **ServicioDNI**:

```java
@WebService(serviceName = "ServicioDNI")
public class ServicioDNI {

  private final String LETRAS = "TRWAGMYFPDXBNJZSQVHLCKE";
  private final String dni_pattern = "\\d{8}";
  private final String nif_pattern = dni_pattern + "[a-zA-Z]";
  private Pattern pat;
  private Matcher mat;

  @WebMethod(operationName = "validarDNI")
  public boolean validarDNI(@WebParam(name = "dni") String dni) {
    if (!validarCadena(nif_pattern, dni)) {
      return false;
    }
    char letra = calcularLetra(dni.substring(0, dni.length() - 1));
    return letra == dni.charAt(dni.length() - 1);
  }

  @WebMethod(operationName = "letraDNI")
  public String letraDNI(@WebParam(name = "dni") String dni) {
    if (!validarCadena(dni_pattern, dni)) {
      return "";
    }
    return calcularLetra(dni)+"";
  }
```

Continúa en la página siguiente

```java
private boolean validarCadena(String patron, String cadena) {
    pat = Pattern.compile(patron);
    mat = pat.matcher(cadena);
    //Comprobamos si el formato de la cadena es correcto
    return mat.matches();
}

private char calcularLetra(String dni) {
    int numero = Integer.valueOf(dni);
    int resto = numero % 23;
    return LETRAS.charAt(resto);
}
}
```

Se puede observar que la clase y los métodos del servicio web tienen las anotaciones *@WebService* y *@WebMethod*, respectivamente. Para validar los parámetros se han utilizado expresiones regulares con las clases *Pattern* y *Matcher*. La cadena *DNI_PATTERN* define la expresión regular de un DNI, es decir, una cadena con 8 dígitos exactamente, mientras que *NIF_PATTERN* define la expresión regular del NIF, es decir, 8 dígitos y una letra.

Además, se han implementado dos métodos privados de utilidad: *validarCadena* y *calcularLetra*. El primero se encarga de comprobar que la cadena pasada por parámetro encaja con el patrón deseado y sirve para reutilizar código en los métodos del servicio web. La segunda calcula la letra que corresponde con un DNI determinado obteniendo el resto de dividir entre 23 y obteniendo el carácter que ocupa dicha posición en la constante LETRAS. Esta función también se utiliza en los dos métodos del servicio web.

La implementación de los métodos del servicio web es bastante sencilla usando las dos funciones de utilidad:

- La función *validarDNI* puede dar un resultado erróneo en una situación determinada. Se deja al lector para que investigue cuál es.

- La función *letraDNI* devuelve una cadena vacía en el caso de que el DNI pasado por parámetro sea incorrecto; esta es la opción más sencilla, pero otra opción posible sería devolver una excepción en el mensaje SOAP.

Hecho esto, podemos desplegar el servicio web en el servidor de aplicaciones GlassFish. Para ello, simplemente debemos ejecutar el proyecto, por defecto se mostrará el mensaje de bienvenida del fichero *index.html*. Si todo ha ido bien y no hay ningún error en el código, el servicio web ya estará disponible para que los clientes puedan invocar sus métodos. La ruta por defecto en la que se habrá desplegado el servicio será:

> http://localhost:8080/EjemploServicioWebDNI/ServicioDNI

La Ilustración 19 muestra la información del servicio ofrecida en la URL anterior.

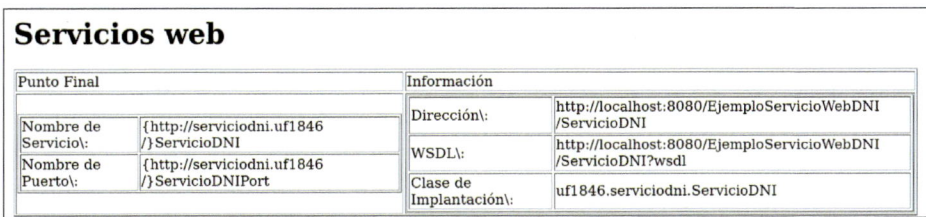

Servicios web

Punto Final		Información	
Nombre de Servicio\:	{http://serviciodni.uf1846 /}ServicioDNI	Dirección\:	http://localhost:8080/EjemploServicioWebDNI /ServicioDNI
		WSDL\:	http://localhost:8080/EjemploServicioWebDNI /ServicioDNI?wsdl
Nombre de Puerto\:	{http://serviciodni.uf1846 /}ServicioDNIPort	Clase de Implantación\:	uf1846.serviciodni.ServicioDNI

Ilustración 19. Información ofrecida por el servicio web creado con Netbeans.

Para probar el funcionamiento del servicio web no será necesario que implementemos un cliente. Desde el navegador web accedemos a la URL del servicio desplegado añadiéndole el parámetro **?Tester**.

> http://localhost:8080/EjemploServicioWebDNI/ServicioDNI?Tester

El navegador mostrará una web como la de la Ilustración 20. Como se puede observar, también se puede acceder a visualizar el contenido del fichero WSDL que se ha generado automáticamente a partir del código de la clase Java.

ServicioDNI Web Service Tester

This form will allow you to test your web service implementation (WSDL File)

To invoke an operation, fill the method parameter(s) input boxes and click on the button labeled with the method name.

Methods :

public abstract int uf1846.serviciodni.ServicioDNI.letraDNI(java.lang.String)
[letraDNI] ([   ])

public abstract boolean uf1846.serviciodni.ServicioDNI.validarDNI(java.lang.String)
[validarDNI] ([   ])

Ilustración 20. Interfaz para probar las operaciones del servicio ServicioDNI.

Para finalizar, se propone al lector que complete las operaciones del servicio web incorporando la validación del NIE (número de identificación de extranjeros) y que desarrolle la aplicación Java que a través de un *servlet* haga uso de las operaciones del servicio web **ServicioDNI**.

2.4.2. Acceso y programación de servicios web basados en REST con JAX-RS

En esta sección se explica cómo implementar clientes y servicios RESTful empleando la tecnología **JAXRS** (*Java API for RESTful Web Services*).

Programación de aplicaciones cliente de servicios web con JAX-RS

En la web existen multitud de servicios web basados en REST disponibles libremente o bajo registro. Algunos servicios ofrecen suscripciones gratuitas con una cantidad limitada de peticiones y diferentes opciones de pago. Para hacer uso de estas API, normalmente se debe adjuntar un *token* de autorización llamado **API KEY**, un valor secreto creado para cada cuenta de usuario. Uno de estos servicios gratuitos lo ofrece la NASA, con una gran cantidad de API públicas para obtener datos que recogen diversas exploraciones, como las misiones de los *rovers* en Marte, la vigilancia de asteroides cercanos a la Tierra, la imagen astronómica del día y muchas otras. La lista de API puestas a disposición del público se puede encontrar en la siguiente URL:

> https://api.nasa.gov/

La aplicación cliente que vamos a construir usará la API abierta ofrecida por **Open Trivia DB**, un servicio web con una base de datos de preguntas y respuestas que permite crear juegos tipo trivial.

Recurso [ENG]
Base de datos abierta de preguntas y respuestas.
https://opentdb.com/

La API permite configurar la petición de preguntas que se quieren obtener indicando diversos parámetros como:

- El número de preguntas que se desean obtener.
- La categoría de las preguntas.
- La dificultad de las preguntas.
- El tipo de las preguntas (respuesta múltiple o verdadero/falso).
- La codificación que se usará para devolver el texto.

La información completa sobre el uso de la API se puede consultar en la propia página web del servicio. La petición de ejemplo más simple del servicio permite obtener diez preguntas de cualquier tipo y categoría con la codificación por defecto.

```
https://opentdb.com/api.php?amount=10
```

La API devuelve los datos en formato JSON, el siguiente bloque muestra de forma abreviada los datos obtenidos para la petición anterior.

```
{
  "response_code":0,
  "results":[
    {
      "type":"multiple",
      "difficulty":"medium",
      "category":"Entertainment: Music",
      "question":"Which of the following bands is Tom DeLonge not a part of?",
      "correct_answer":"+44",
      "incorrect_answers":[
        "Box Car Racer",
        "Blink-182",
        "Angels &amp; Airwaves"
      ]
    },
    {
      "type":"multiple",
      "difficulty":"easy",
      "category":"General Knowledge",
      "question":"What do the letters in the GMT time zone stand for?",
      "correct_answer":"Greenwich Mean Time",
      "incorrect_answers":[
        "Global Meridian Time",
        "General Median Time",
        "Glasgow Man Time"
      ]
    },
    ...
    {
      "type":"multiple",
      "difficulty":"easy",
      "category":"Entertainment: Music",
      "question":"Which former boy-band star released hit solo single &quot;Angels&quot;
in 1997?",
```

Continúa en la página siguiente

```
      "correct_answer":"Robbie Williams",
      "incorrect_answers":[
       "Justin Timberlake",
       "Harry Styles",
       "Gary Barlow"
      ]
     }
    ]
   }
```

El código de respuesta (**response_code**) es un número natural que permite saber si la petición es correcta o si ha habido algún error. El valor 0 indica que la petición es correcta. Las respuestas obtenidas se encuentran dentro del objeto **results**, que contiene un *array* de objetos JSON que representan a cada pregunta.

Crearemos el proyecto **EjemploClienteREST** en Netbeans en la opción de menú **File** → **New Project** → **Java with Maven** → **Java Application**. En el fichero **pom.xml** añadiremos las siguientes dependencias:

```
<dependencies>
  <dependency>
    <groupId>jakarta.ws.rs</groupId>
    <artifactId>jakarta.ws.rs-api</artifactId>
    <version>3.1.0</version>
    <type>jar</type>
  </dependency>
  <dependency>
    <groupId>org.glassfish.jersey.core</groupId>
    <artifactId>jersey-client</artifactId>
    <version>3.0.2</version>
  </dependency>
  <dependency>
    <groupId>org.glassfish.jersey.inject</groupId>
    <artifactId>jersey-hk2</artifactId>
    <version>3.0.2</version>
  </dependency>
  <dependency>
    <groupId>org.glassfish.jersey.media</groupId>
    <artifactId>jersey-media-json-binding</artifactId>
    <version>3.0.2</version>
  </dependency>
</dependencies>
```

Esto incluye las librerías **JAX-RS 3.1.0** y **Jersey 3.0.2** (JAX-RS RI). Eclipse Jersey es la implementación de referencia de la especificación JAX-RS, además, contiene su propia API que extiende la funcionalidad de JAX-RS para simplificar el desarrollo de clientes y servicios RESTful. Es recomendable consultar la documentación oficial para profundizar mucho más en el desarrollo de este tipo de aplicaciones.

Recurso [ENG]
Sitio web oficial de la librería Eclipse Jersey.
https://eclipse-ee4j.github.io/jersey/

Entre las clases necesarias para acceder a servicios web REST, que se encuentran en el paquete *jakarta.ws.rs.client*, las más importantes son:

- *Client*. Es una interfaz y es el punto principal para acceder a un servicio REST. La forma de construir un objeto de este tipo es a través del método estático *newClient()* del objeto *ClientBuilder*. La construcción y destrucción de este tipo de objetos es bastante pesada por lo que se recomienda un uso apropiado del mismo.

- *WebTarget*. Esta clase define la URI de un recurso REST.

- *Invocation.Builder*. A través de los objetos de este tipo se realizan las peticiones al recurso. Dispone de métodos *get()*, *post()*, *put()*, etc., para hacer estas peticiones.

Otras dos clases que emplearemos se encuentran en el paquete *jakarta.ws.rs.core*:

- *Response*. A través de esta clase se interactúa con los datos devueltos por el servicio, independientemente de su formato.

- *MediaType*. Permite indicar el formato de los datos del recurso si hubiera posibilidad de elegir (*text/plain*, *text/html*, *application/json*, etcétera).

El siguiente bloque muestra el código del método *main* que accede al servicio Open Trivia DB para solicitar diez preguntas de su base de datos y mostrarlas por pantalla.

```
import jakarta.json.Json;
import jakarta.json.JsonArray;
import jakarta.json.JsonObject;
import jakarta.json.JsonReader;
import jakarta.json.JsonValue;
import jakarta.ws.rs.client.Client;
```

Continúa en la página siguiente

```java
import jakarta.ws.rs.client.ClientBuilder;
import jakarta.ws.rs.client.Invocation.Builder;
import jakarta.ws.rs.client.WebTarget;
import jakarta.ws.rs.core.Response;
import java.io.StringReader;

/**
 *
 * @author José L. Berenguel
 */
public class EjemploClienteREST {

    public static void main(String[] args) {
        Client cliente = ClientBuilder.newClient();
        WebTarget base = cliente.target("https://opentdb.com/api.php?amount=10");
        Builder peticionRest = base.request();
        Response respuesta = peticionRest.get();
        String datosString = respuesta.readEntity(String.class);
        System.out.println("Respuesta en formato String:\n" + datosString);

        //Convertimos el String en un objeto JSON Object para poder manipularlo
        JsonObject datosJSON;
        try (JsonReader jsonReader = Json.createReader(new StringReader(datosString))) {
            datosJSON = jsonReader.readObject();
        }
        int codigoRespuesta = datosJSON.getInt("response_code");
        if (codigoRespuesta == 0) {
            System.out.println("Listado de respuestas obtenidas");
            JsonArray preguntasJson = datosJSON.getJsonArray("results");
            for (JsonValue pregunta : preguntasJson) {
                System.out.println(pregunta);

            }
        } else {
            System.out.println("Error en la petición");
        }

    }
}
```

El código muestra paso a paso la cadena de llamadas necesaria para obtener
la respuesta del servicio. Dado que es complicado manipular los datos JSON en

una cadena **String**, se ha utilizada la API **Jakarta JSON-P** (*Jakarta API for JSON Processing*) para el manejo de este tipo de objetos cuyas clases se encuentran en el paquete ***jakarta.json***.

El lector puede completar la aplicación incorporando la funcionalidad necesaria para que interactúe con el usuario, mostrándole las preguntas y posibles respuestas e indicando al final cuántas preguntas ha acertado.

 Lectura recomendada [ENG]

Mastering Jakarta JSON API from Java Applications.
https://www.mastertheboss.com/java-ee/json/how-to-use-jakarta-json-api-from-java-applications/

Programación de servicios web con JAX-RS

En este punto vamos a estudiar cómo podemos crear nuestro propio servicio REST mediante la librerías JAX-RS. La programación de un servicio RESTful con JAX-RS se hace por medio de anotaciones de una clase Java cualquiera. A las clases anotadas con JAX-RS se las llama ***root resource classes*** y al menos la clase debe tener la anotación **@*Path*** o alguno de sus métodos debe tener una anotación **@*GET***, **@*PUT***, **@*POST*** o **@*DELETE*** llamados ***request method designator***. Los métodos anotados con alguna de estas anotaciones serán los encargados de manejar las peticiones HTTP correspondientes.

Antes de mostrar un ejemplo de aplicación REST, explicaremos las anotaciones más importantes:

- **@*Path***. Indica la URI relativa desde donde se accederá a la clase Java como recurso REST. Es posible utilizar plantillas para componer URI complejas a través de variables o patrones.

- **@*GET***, **@*POST***, **@*PUT***, **@*DELETE***, **@*HEAD***. Son los ***request method designator***, los métodos anotados con ellas son los encargados de procesar las peticiones HTTP correspondientes.

- **@*PathParam***. Se emplea en los métodos para extraer parámetros de las URI utilizados como plantillas para acceder a los recursos del servicio.

- **@*QueryParam***. Se emplea en los métodos para extraer los parámetros de las URI de las peticiones GET.

- **@*Consumes***. Designa el tipo MIME de los datos enviados por el cliente al método del servicio.

- **@Produces**. Designa el tipo MIME de los datos devueltos por el método del servicio al cliente.

- **@Provider**. Se utiliza para ofrecer información al *runtime* durante la ejecución y manejar peticiones HTTP complejas.

- **@ApplicationPath**. Especifica la URI base para todas las clases anotadas con **@Path**. Esta anotación solo se puede utilizar en una subclase de **jakarta. ws.rs.core.Application**.

Vamos a crear el proyecto Netbeans **EjemploServicioREST** de tipo **Java with Maven** → **Web Application** desde el menú **File** → **New Project**.

Una vez creado, añadiremos una nueva clase Java llamada **HolaRest** en el interior del paquete **serviciorest**. Comenzamos anotando la clase con **@Path("holarest")** indicando que la clase será un servicio REST cuya URI relativa es **/holarest**.

```
@Path("holarest")
public class HolaRest {


}
```

Antes de continuar implementando la clase, comprobaremos que al crear el proyecto de tipo **Web Application**, el arquetipo de Maven ha creado la clase **JakartaRestConfiguration** que hereda de **jakarta.ws.core.Application**. Esta clase se encarga de registrar la URI base de todos los recursos REST de la aplicación por medio de la anotación **@ApplicationPath**. El valor asignado por defecto por Netbeans es **resources**, lo modificaremos para que sea **serviciorest**.

```
@ApplicationPath("serviciorest")
public class JakartaRestConfiguration extends Application {


}
```

Por tanto, la URI para acceder al servicio REST que estamos creando tendrá la ruta del dominio, el proyecto, la URI base para la aplicación y la ruta al servicio concreto tal que así:

```
https://dominio/ejemploserviciorest/serviciorest/holarest
```

Esta clase también registra todas las clases Java anotadas con JAX-RS, el IDE hará esta tarea de manera automática por lo que no tenemos que preocuparnos de modificar el código manualmente. Además, también se ha creado la clase **JakartaEE-10Resource** con un método de ejemplo para ejecutar una petición GET de prueba.

Vamos a crear el primer método del servicio que atienda las peticiones HTTP GET. El siguiente bloque muestra el código completo de la clase **HolaRest**.

```
@Path("holarest")
public class HolaRest {

  @GET
  @Produces(MediaType.TEXT_HTML)
  public String getSaludo() {
    return """
        <!DOCTYPE html>
        <html lang=\"es\">
          <head>
            <title>Servicio RESTful HolaRest</title>
            <meta http-equiv="Content-Type" content="text/html; charset=UTF-8">
          </head>
          <body>
            <h1>Mi primer servicio RESTful!</h1>
          </body>
        </html>
        """;
  }
}
```

Vemos que el método **getSaludo()** atiende las peticiones HTTP GET, ya que está anotado con **@GET**. La anotación **@Produces** indica que el tipo MIME de los datos devueltos por el método es de tipo *text/html* a través de la constante **MediaType.TEXT_HTML**. El texto devuelto es una página HTML completa con el mensaje que se desea mostrar en pantalla, aunque lo más habitual es que un servicio web devuelva los datos en formato JSON.

Podemos probar el servicio ejecutando el proyecto, esto abrirá el navegador web mostrando el mensaje de la página web por defecto. Para ver el mensaje del servicio creado, accedemos a la URI en la que el servicio **HolaRest** está accesible:

```
http://localhost:8080/EjemploServicioREST/serviciorest/holarest
```

A continuación, creamos una nueva clase Java en el paquete **serviciorest** llamada **Saludo**. El código de esta clase se muestra en el siguiente bloque.

```java
@Path("saludo/{username}")
public class Saludo {

  @GET
  @Produces(MediaType.TEXT_HTML)
  public String getSaludo(@PathParam("username") String usuario){
    return """
        <!DOCTYPE html>
        <html lang=\"es\">
          <head>
            <title>Servicio RESTful Saludo</title>
            <meta http-equiv="Content-Type" content="text/html; charset=UTF-8">
          </head>
          <body>
            <h1>Bienvenido al servicio REST %s</h1>
          </body>
        </html>
        """.formatted(usuario);
  }
}
```

En este caso, la anotación **@Path** utiliza una plantilla para describir la URI en la que la variable **username** (las variables se escriben entre llaves) almacena el valor de la URI utilizada para hacer la petición. El método **getSaludo()**, a través de la anotación **@PathParam** obtiene la variable **username** de la URI para mostrar el nombre en el mensaje producido y generado en formato HTML. Por ejemplo, si accedemos al siguiente recurso:

http://localhost:8080/EjemploServicioREST/serviciorest/saludo/Jose

El mensaje construido será *"Bienvenido al servicio REST Jose"* como se muestra en la Ilustración 20. Puede probar a modificar la URI y verá como el mensaje se adapta en función del nombre indicado en la URI.

Ilustración 20. Acceso a un recurso REST a través de una URI con parámetros.

Los datos devueltos por el método pueden ser tan sencillos como estos mensajes o tan complejos como el resultado de una consulta a una base de datos. Además, se pueden implementar el resto de métodos HTTP para añadir (POST), modificar (PUT) o eliminar (DELETE) datos en el servidor.

Ejercicios

Ejercicios de comprobación

2.1. ¿Qué herramienta de Swagger permite diseñar o describir un servicio REST?

  a)   Swagger UI.

  b)   Swagger Codegen.

  c)   Swagger Editor.

  d)   No existe esa herramienta.

2.2. ¿Qué herramienta fue creada en Facebook para el desarrollo de servicios escalables y multilenguaje?

  a)   Apache Thrift.

  b)   Open API Specification.

  c)   Swagger.

  d)   API Blueprint.

2.3. ¿A qué tipo de patrón de *software* pertenece un servicio donde los datos se ofrecen en ficheros de formato XML llamados *feed*?

  a)   Publicación/suscripción.

  b)   Basado en repositorios.

  c)   Proveedor/consumidor.

  d)   Servicio accesible desde agente de usuario.

2.4. ¿Qué API de Java implementa el patrón publicación/suscripción?

  a)   MSMQ.

  b)   JMS.

  c)   AMQP.

  d)   WSN.

2.5. ¿Cuál de las siguientes respuestas no es una característica que debe cumplir un repositorio para que sea escalable e interoperable?

  a)   Debe soportar estándares de metadatos.

  b)   Debe soportar protocolos de intercambio de registros.

  c)   Debe ofrecer identificadores permanentes de recursos.

  d)   Debe disponer de una documentación clara.

2.6. ¿Cuál de los siguientes no es un *framework* de desarrollo para PHP?

 a) Laravel.

 b) Symfony 2.

 c) Zend Framework 2.

 d) Spring Boot.

2.7. En Java, para implementar servicios web basados en SOAP usaremos la librería:

 a) JAX-WS.

 b) JAX-RS.

 c) JAXB.

 d) JAX-P.

2.8. La clase Java que implementa un servicio web SOAP debe cumplir una serie de requisitos. ¿Cuál de los siguientes no es correcto?

 a) La clase debe tener la anotación jakarta.jws.WebService.

 b) Los métodos del servicio deben anotarse con jakarta.jws.Method.

 c) Los métodos del servicio deben tener parámetros y tipos de retorno compatibles con la especificación JAXB.

 d) Los métodos del servicio deben ser *public* y no pueden declararse *static* ni *final*.

2.9. ¿Qué clase de la API JAX-RS define la URI de un recurso REST?

 a) Client.

 b) ClientBuilder.

 c) WebTarget.

 d) Invocation.Builder.

2.10. ¿Cuál de las siguientes anotaciones es llamada 'request method designator'?

 a) @Path.

 b) @Produces.

 c) @PathParam.

 d) @HEAD.

Ejercicios de aplicación

2.1. Describa el diseño de una aplicación web híbrida que incorpore funcionalidad de terceros a través de los servicios web que ofrecen. La propuesta debe basarse en un análisis adecuado de las tecnologías necesarias para desarrollar la aplicación, así como en una descripción de la funcionalidad que ofrecen los servicios que se proponen utilizar.

2.2. Cree un proyecto web que integre uno o varios de los servicios web SOAP disponibles en el portal https://webservices.daehosting.com/services.

2.3. La URL http://webservices.oorsprong.org/websamples.countryinfo/CountryInfoService.wso/ ofrece diferentes servicios web SOAP que permiten consultar información sobre países, su capital, moneda, bandera, etc. Trate de crear una aplicación web que haga uso de uno o varios de estos recursos.

2.4. Modifique el proyecto *EjemploServicioWebDNI* para que incorpore la siguiente funcionalidad:

    a) Añada un método que permita validar el NIE (número de identificación de extranjeros).

    b) Cree la aplicación web que permita interactuar con las operaciones de este servicio.

2.5. Cree un proyecto que implemente diferentes servicios web SOAP que permitan realizar las siguientes operaciones:

    a) Validar un ISBN13 y un ISBN10.

    b) Validar un número de cuenta bancaria (CCC – IBAN).

    c) Convertir un número en diferentes sistemas de representación (decimal, binario, hexadecimal) y comprobar si un número está escrito en uno de estos sistemas de representación.

    d) Convertir una temperatura entre diferentes unidades (Celsius, Kelvin, Fahrenheit).

    e) Comprobar si un número es primo.

2.6. Complete el ejercicio *EjemploClienteREST* para crear una aplicación de preguntas y respuestas que permita elegir diferentes opciones para obtener las listas de preguntas y que incluya la posibilidad de que participen varios jugadores.

2.7. La web https://public-api-lists.github.io/public-api-lists/ dispone de una base de datos de API REST accesibles públicamente y clasificadas por temática. Explore la web e implemente un cliente que haga uso de alguno de estos servicios.

2.8. Cree el proyecto ***AgendaTelefonicaREST*** que implemente un servicio RESTful para gestionar una agenda telefónica. Los datos estarán almacenados en una base de datos con una única tabla *TELEFONOS* con dos atributos, *nombre* y *teléfono*. A través de los recursos del servicio se debe poder:

a) Consultar la lista de nombres y teléfonos almacenados en la base de datos.

b) Modificar los campos del nombre y teléfono de un contacto.

c) Eliminar los datos de un contacto.

2.9. Ponga en práctica lo aprendido y diseñe un servicio RESTful que permita la consulta, modificación y eliminación de datos.

Bibliografía

A lo largo de todo el texto se han mencionado numerosos enlaces a recursos y documentos para completar y/o complementar la información aquí explicada. Además de a todos ellos, también puede dirigirse a los siguientes textos:

- *Java EE 7 Development with Netbeans 8*. David R. Heffelfinger. Packt Publishing. [ENG]

- *Arquitectura Java Sólida*. Cecilio Álvarez Caules. Autoedición.

  http://www.arquitecturajava.com/el-libro/

- Netbeans 20. Introduction to web services. [ENG]

  https://netbeans.apache.org/tutorial/main/kb/docs/websvc/intro-ws/

- Jakarta EE Tutorial. [ENG]

  https://eclipse-ee4j.github.io/jakartaee-tutorial/

- Jakarta EE Resources. [ENG]

  https://jakarta.ee/resources/

- Curso sobre el framework Spring Boot y Spring Data JPA. [ENG]

  https://www.youtube.com/watch?v=5rNk7m_zIAg

- OmniFish Blog. [ENG]

  https://omnifish.ee/blog/

- Hacking ético. José L. Berenguel y Pablo Esteban. Editorial Paraninfo.

- Academia de Seguridad Web de PortSwigger. [ENG]

  https://portswigger.net/web-security/